이재명은
재림예수인 듯

부록 너와 나는 본래 하나다

최원효
안성묵 공저

도서출판 다움

이재명은 재림예수인 듯

초판인쇄 : 2025년 10월 27일

초판발행 : 2025년 10월 27일

지 은 이 : 최원효 안성묵 공저

발 행 인 : 박 준 수

인 쇄 처 : 우림 김 지 연

발 행 처 : 도서출판 자기다움

　　　　　서울 중구 충무로 5길 11, 기영 505호

　　　　　전화 02-2266-0412

이 메 일 : parkjs8@naver.com

ISBN 979-11-91548-47-1　　　값 15,000원

21세기는 정신문명의시대라 했습니다

대한민국의 유구한 역사와 찬란한 문화를 꽃피워 열매 맺을 때입니다.

추수기에 접한 인류 문명을 이재명 대통령께서 재림 예수인 듯 합니다.

희망과 통합의 정치를 열어가고 계신 대통령님을 응원하고 남과 북으로 갈라져 대치와 투쟁의 역사의 종말을 고하고 좌와 우의 싸움판을 끝장내는 사랑과 존경과 화합의 새시대를 열어 가시리라 굳게 믿습니다.

도산 안창호 선생님의 민족 대 개조론을 다시금 상기하면서 그가 있을 때 그를 존경하고, 그가 없을 때 그를 칭찬하고, 그가 어려울 때 그를 도와주는 민족 위대한 대한국민이 되고 북한 사람들과 해외 동포 구천만 민족의 의식 혁명을 통해 전세계 88억 인류의 평화와 번영의 새 역사를 써나가 봅시다.

우리 모두 사랑하고 존경합니다.

건강과 행복이 늘 충만 하소서

저자 안 성 묵 최 원 효

이재명 재림 예수인듯

왜 국가를 위해 죽어야 하나?

최근 경희대학교 출판문화원에서 발행한 저의 저서와 비슷한 책을 접하고 보니 기쁜 마음으로 적극 추천합니다.

이 대통령께서 고난과 역경을 헤쳐나오는 과정 과당선이후의 상호 존중과 협력의 정치실천 모습을 보면서 대견하구 자랑스럽습니다.

성장과정과 의식 혁명을 통하여 전국민의 이해와 지지와 협력을 얻어내고 더른 정치를 통한 남북 평화와 공존과 번영의 새길을 잘 이끌어가시도록 응원 하겠습니다.

보다 많은 사람들이 이책을 읽고 깨달아 평화와 행복이 넘쳐나는 신세계가 창조되기를 바랍니다.

경희대학교 석좌교수 강희원 박사

세상은 원자로 이루어진 것이 아니라 이야기로 이루어져 있다

박 준 수 교수(전 광운대, 화법과토론연구소장, 극작가)

"세상은 원자로 이루어진 것이 아니라 이야기로 이루어져 있다."

이 멋진 명구는 미국 시인 머리엘 루케이저(Muriel Rukeyser)가 한 말입니다(The universe is made of stories, not of atoms).

이 말은 물리학적 현상보다 인간이 걸어온 서사즉 경험, 눈물과 웃음 그리고 사랑, 그런 것을 엮는 '이야기'가 세상을 구성한다는 인문학적 통찰과 담론을 담고 있습니다.

물리학은 세상을 원자로 설명하지만, 사람은 이야기를 통해서 이해됩니다. 각자의 삶이 하나의 문장이 되고, 서로의 이야기가 모여 인류라는 거대한 서사를 완성합니다.

이것이 바로 이야기가 지닌 힘이고, 문학이 우리를 연결하는 이유입니다.

다만 이 책 "이재명은 재림 예수인 듯"은 제목상으로만 보면 자칫 종교적 인물(예수)과 실제 정치인을 동일시하는 신격화, 숭배적 표현으로 부적절한 오해를 불러 일으킬 수 있습니다.

맞습니다. 그래서 저도 처음에는 출판은 물론 추천사 쓰기를 거부했습니다. 제목처럼 단정하거나 확산하는 것은 바람직하지 않기 때문입니다.

왜냐하면 이재명은 정치지도자이지, 종교적 인물로서 '재림 예수'로 인정받은 사실은 없기 때문입니다. 따라서 이런 표현은 비유적이거나 풍자적인 의미로 쓰인 것이지 싶습니다.

예컨대 재미있는 유머나 풍자적 표현이나 버전으로 순화시켜

"이재명, 왠지 세상을 구원하러 온 사람인 듯."
"이재명, 마치 다시 돌아온 예수 느낌?"
"이재명, 기대 이상의 구원자 포스."
"이재명, 마치 시대의 히어로처럼 느껴져"

등과 같은 것이죠.

이재명 같은 지도자를 종교적 인물처럼 따르는 현상"이나 "정치적 카리스마가 종교적 열망처럼 작동하는 사회심리"를 비판적, 분석적으로 보는 것은 가능하다는 생각에서 감히 본 책을 출간하는 도서출판 "자기다움" 대표로서 "자기다움"이라는 출판사 정체성과 부합하다고 생각되어 추천사를 쓰게 된 것입니다.

정치에서는 동서고래로 일부 지지자들 사이에서 정치 지도자를 '구원자'처럼 인식하는 현상이 나타났기 때문입니다. 이는 정치가 신앙적 감정과 결합할 때 생기는 '정치적 신격화' 현상으로, 사회적 불안과 좌절이 커질수록 더욱 강해지는 경향이 있습니다. 트럼프 집권 이후 세계지형도가 크게 변하고 있는 것은 주지의 사실입니다.

작금의 나라가 태풍 앞에 작은 배처럼 위태로운 것이 사실입니다. 그러나 국난의 위기라고 해서 정치 영역에서 종교적 언어와 감정이 등장하는 것은 바람직한 현상이 아닙니다. 여야를 막론하고 특정 정치인을 '구원자'나 '메시아'로 보는 것은 바람직하지 않

습니다.

정치가 신앙의 언어로 옮겨지는 순간, 비판과 대화는 설 자리를 잃을 수 있습니다. 정치는 본래 토론과 타협의 예술이어야 합니다. 신앙이 되면 오히려 믿음과 배신 그리고 불신만 남을 수 있습니다. 민주주의 발전에도 저해가 됩니다.

저는 이재명하면 떠 오르는 이야기가 있습니다.

성남시장 시절 했던 말입니다.

"나라에 돈이 없는 것이 아니라 도둑이 많다."

어쩌면 이 이야기가 목표를 다지고, 온갖 역경과 고초를 이겨내는 바탕이 되고, 끝내는 대통령이라는 성공신화를 창조하는 밑거름이 되었을지도 모릅니다.

결론적으로 물질이 세상을 움직이는 것 같지만, 참으로 세상을 변화시키는 것은 언제나 '이야기'였습니다.

각자의 삶이 하나의 스토리가 되고, 서로의 이야기가 모여 이재명 대통령처럼 세상이라는 거대한 서사를 완성합니다. 필자가 이 한 권의 책을 축하하는 이유도 바로 그 때문입니다.

끝으로 특히 이 책이 많은 청년들에게 꿈과 성공신화의 안내서가 되었으면 합니다.

또 누군가의 삶에 위로가 되고, 용기가 되고, 희망이 되기 바랍니다.

필자는 앞으로도 더 나은 이야기를 쓰는 사람의 서사를 품격있게 만드는 일에 매진 하겠습니다. 감사합니다.

자랑스런 이재명 대통령

화창한 가을을 보내면서 최원효 도인의 제21대 이재명 대통령 '재림 예수인 듯'을 인생을 읽으며 이재명 대통령의 지나간 세월과 그것을 극복하고 지금의 활동을 들으며 본인이 하고자 하는 일들을 처리하는 것을 듣고 보는 지금은 가슴이 시원함을 느낍니다.

갖은 고난과 험난한 길을 걸어오신 예수님과 비교해 책을 집필하신 최원효 도인의 탁월한 표현을 칭찬하지 않을 수 없습니다.

많은 사람들이 이 책을 읽고 이재명 대통령을 응원하고 국민 모두가 안전하고 행복한 시대를 열어가 새로운 대한민국을 만들어 가기를 기원합니다.

최원효 도인의 건강을 바라며 추천서에 갈음하고자 합니다.

시민 이 명 천 드림

이재명은 재림예수인 듯

대한민국 국운이 안정적인 비약기를 맞은 을사년 화창한 가을에 신라의 대성인 원효의 화쟁사상을 바탕으로 깨달음을 얻은 최원효 도인이 "이재명은 재림예수인 듯"이라는 책을 출간하여 국민에게 이재명 대통령의 비전과 정책을 통해 동화적 통합을 꾀하는 것은 시의적절하여 참으로 기쁘며 추천하는 바이다.

하나님의 사랑과 예비속에 모세가 광야에서 40여년 간 고난을 겪으면서 이스라엘 지도자로 자리 매김하였듯이, 본 책을 읽어가면 이재명대통령의 지난 고난이 대한민국의 국운이 흥성하고 국민 모두가 행복한 시대에 살아가는 초석을 다지는 지도자로 예비되었음을 자연스럽게 알게되리라 본다.

이제 우리 모두가 대한민국의 융성을 위해 작은 것을 버리고 동참의 결의를 가지는 계기가 되기를 기원하며, 최원효 도인이 앞으로도 국가, 국민, 인류를 위해 더 크고 깊은 깨달음을 얻고 기여하기를 축원한다.

요산풍수지리학회
전국행정사총연합회 회장 박 해 봉

차 례

차 례

이/재/명 소/개/글

경상북도 안동군 예안면 도촌에서 태어나 초등학교를 졸업하고 13세에 소년공으로 성남에서 일했다. 공장에 다니며 검정고시로 중·고등학교 과정을 바치고 중앙대 법대에 들어갔다.

사법고시에 합격한 다음 성남으로 돌아가 인권변호사로 일하며 시민운동을 했다. 성남시장과 경기도지사를 거쳐 대한민국 제20대 대통령선거에 출마하여 낙선하였으나 21대 대통령선거에 다시 한 번 출마하여 당선되었다.

이 대통령은 재림예수인 듯하다. 그토록 많은 고난과 역경속에서 꿋꿋하게 행하고 실천해 온 삶의 모습이 그러하다. 이대통령의 부친은 대도인이셨다. 청소부가 어떻게 평범한 일일 수 있겠는가? 그 분은 오물을 치우고 환경을 깨끗하게 만들었다.

잠시 잠깐 외도도 있었지만 밥을 먹으면 화장실에 다녀와야 하는 이치이다. 청량산 자락에 계셨다. 그분의 죽음 이후 묘의 풍수학적 견해로 보아도 대 도인이셨다. 이 대통령님이 재림예수가 될 듯한 증거중 가장 큰 확증이다.

이토록 오지에서 한 마리 담비처럼

내 고향은 경북 안동시 예안면 도촌리 지통마을이다. 첩첩산중 산꼭대기 기막힌 오지, 화전민들의 터전, 지금도 버스가 다니지 않는다. 50, 60대 남성들의 로망을 그려내는 TV 프로그램 '나는 자연인이다'의 배경으로 맞춤한 곳.

나는 삼계초등학교를 다녔는데 왕복 12km 산길을 걸어야 했다. 초등학생의 그 짧은 다리로 걸어 다니자니 결석이 많을 수밖에 없었다. 폭우로 다리 잠기면 못 가고, 눈보라치면 못 가고

"형, 오늘 날씨 참 좋으네?"

내가 말하면 앞서가던 형이 슬쩍 뒤돌아보았다. 그러곤 하늘 한 번 쳐다봤다.

"그래, 날씨가 지나치게 좋은 감이 있다. 그자?"

나는 형의 입만 바라보았다. 허가가 떨어지길 기다리며……

"뭘 가냐? 그냥 놀자."

못 가는 날들이 많았지만 그렇게 자체결석 처리하는 날도 꽤 있었다.

겨울이면 먼저 간 장난꾸러기들이 징검다리에 물을 뿌려놓기도 했다. 얼음 언 징검다리는 고무신 신고는 건널

수 없었으니 그 역시 '중간 하교'를 하는 이유가 되었다. 무수한 핑계들이 그 멀고 험한 등굣길을 피하는 이유가 되곤 했다. 등하굣길은 멀기도 했지만 바쁘기도 했다. 오가는 길에 징거미 잡아먹고 더덕캐 먹고 개복숭아도 삶아 먹어야 했으니까. 가재는 수준이 좀 떨어진다. 진정 귀하고 고급진 음식은 징거미다. 개복숭아에는 나름 구슬픈(?) 사연이 있다. 보통 개복숭아가 어디 열리는지는 모두가 알았다. 말하자면 오픈된 먹잇감이었던 셈이다. 익을 때까지 기다리면 선수를 놓치게 되니 씨도 여물지 않은 상태에서 따 먹어야 했다. 여물지 않은 복숭아는 쓰고 독해 삶아 먹는 방식을 개발했다. 그러면 좀 먹을 만했다.

그렇게 자연 속에서, 자연과 별 구분도 되지 않는 몰골로, 한 마리 야생동물인 양 초등학교 시절을 보냈다. 아침이면 이슬에 젖어 축축 늘어진 나뭇가지 아래로 기어 다니곤 했다. 가을에는 천지가 노란색, 빨간색 단풍이었다. 새파란 단풍잎도 섞여 있었다. 놀라운 건 색에 흠이 하나도 없었다는 것, 쥐어짜면 노랑, 빨강, 파랑 물감이 주르륵 흘러내릴 것 같았다. 그 무엇에도 오염되지 않은 청정한 '순수'였다.

그 풍경들은 아직도 내 마음속 작은 다락방에 남아 있고 나는 그곳에서 가끔 위로를 받는다.

고향을 떠난 건 초등학교 졸업식 직후 1976년 2월 26일인가였다. 3년 앞서 성남으로 떠난 아버지를 따라 온 식구가 상경을 했다. 고향을 떠난 데에는 에피소드가 하나 있다. 지통마을 그 오지에도 한때 도리짓고땡이 대대적으로 유행했다. 맞다. 20장의 동양화로 하는 그 놀이, 아버지도 마을주민과 어울리며 잠시 심취했고, 덕분에 그나마 있던 조그만 밭떼기마저 날려버렸다. 아버지의 상경에는 그런 배경이 있었다. 성남과 나의 인연은 그렇게 시작되었다.

이재명대통령 자서전에서 인용

 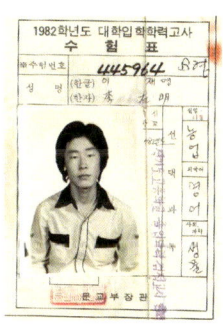

대학 졸업식에서 어머니, 아버지와 함께 한 이재명　　대입학력고사 수험표

엄마가 믿고 싶었던 점바치의 힘

고된 노동에 아홉이나 되는 아이들을 낳아 일곱이나 키웠기 때문이었을까? 어릴 적, 어머니가 내 생일을 잊어버린 적이 있다. 뭐 그럴수도 있다고 생각한다. 애들 밥 굶기지 않는 게 중요하지 생일이라고 뭘 대단하게 챙겨줄 수도 없었으니..... 음력 22일인가, 23일인가 헷갈리던 어머니는 고민 끝에 점바치(점쟁이)를 찾아 생일을 물어봤다.

그 일을 두고 다 커서는 이렇게 엄마와 농을 주고 받곤 했다.

"엄마, 너무하네, 귀한 아들 생일도 잊어버리고..... ,"
"이자뿐게 아이라니까."
"그럼 점바치에게 왜 물어봤어요?"
"확인차 한 번 물어본 거라."
"아는 걸 확인하는데 그 귀한 겉보리를 한 되씩이나 갖다 바치시나요?"

어쨌든 겉보리 한 되에 우주의 기운을 모은 점쟁이는 내 생일을 23일로 확정됐다. 문제는 이 점술가께서 내 생일을 정하며 팔자도 간명하게 정리했다는 것.

"얘 잘 키우면 나중에 호강한다."

서비스로 했을 그 뜬금없는 말에 어머니는 반색했다. 그 얘기는 어머니가 평생을 간직한 나에 대한 남다른 기대와 믿음의 가장 큰 원천이었다.

여기에 보태 먼 친척되는 어르신 한 분도 나를 볼 때마다 이렇게 말했다.

"이놈, 귓불 자알 생겼다. 성냥개비가 두 개나 들어간다. 크게 될 놈일세. 크게 되것어!"

엄마는 점바치와 어르신의 말을 믿었다. 아니 한 올 희망조차 갖기 어려운 현실 속에서 반복해 새기고 되뇌는 것으로 그 말을 신앙으로, 진실로 만들어갔다.

"니는 잘된다 캤다. 아이가 … ,"

엄마가 하는 그 말은 어느새 불가사의한 힘이 되어 내게도 세상이 던져준 유일한 '자기확신' 같은 것이 되었다. 상황논리로 는 불가능한 도전을 내가 끊임없이 시도하는 의지와 용기의 원천이었다.

후에 성남시장이 되었을 때 시장실을 방문한 아이들마다 꿈이 무엇인지를 묻고 꼭 꿈을 이루라며 일일이 적어주곤 했다. 아이들에게 내 글이 확신에 찬 도전의 근거가 되길 기원하면서..... 신난 표정으로 그 한 장의 종이를 가슴팍에 품고 돌아가던 아이들의 모습이 눈에 선하다.

간절함은, 확고한 믿음은 꽤 힘이 세다

상정하기 쉽지 않은 길을 걸어 여기까지 올 수 있었던 것도 막연하지만 나는 잘될 거란 믿음에 기반한 어쩌면 무모했을 도전 덕이다. 그리고 사실 그 믿음에 진정한 힘을 부여한 것은 점바치가 아니라 엄마다. 프레스에 손상당한 성장판 때문에 내 팔이 조금씩 휘어갈 때도 내 팔을 쓰다듬으며 스스로를 위로하기 위해 한 엄마의 점바치 얘기는 오히려 내게 위안이었다.

엄마는 혹여나 내 일상에 불운이 깃들 조짐이 보이면 점바치 말을 반복하는 것으로 불운 따위를 원천봉쇄하려 했다. 남매 중에서도 가장 어린 나이에 공장생활을 시작했고, 가장 많이 다친 넷째 아들을 보며, 이 아이에겐 잘될 일만 남았을 거라는 믿음과 기대의 힘은 그 무엇보다도 강했다. 그런데 이제 보니 그건 그냥 엄마의 힘이었다.

이대통령 자서전에서 인용

이재명의 가족사　　　　지하실에서 1층으로 이사온 날 기념촬영

아버지와의 전쟁, 그 시작

　공장으로 출근하는 길, 교복입은 아이들을 보면 부러웠다. 교복 칼라는 아침 햇살을 받아 하얗게 빛났고 아이들의 가방 속에는 내가 알지 못하는 세상이 담겨 있었다. 나와는 다른 세상을 살아가는 아이들이었다. 나는 잿빛 작업복 차림이었다. 수다를 떨며 활기차게 등교하는 학생들을 거슬러 공장으로 가는 길은 힘들었다. 가급적 그들과 마주치지 않는 골목길을 찾아다녔다.

시계공장 다니던 시절 이재명

하루는 공장에 교복 입고 출퇴근하는 아이들 발견했다. 뭐지? 시선을 뗄 수 없었다. 알아보니 고등공민학교에 다니는 학생이었다. 내 안에서 뭔가 '반짝' 빛났다.

"아버지, 저도 야간학교에 들어갈래요."
사람을 먼저 생각하고 도리를 다한다는 식의 선공후사 같은 도덕의식이 있었어요. 동네일은 공짜로 다 해주면서 곧이곧대로 살던 사람이었죠. 자기가 가진 지식과 돈, 시간을 다 남을 위해 썼던 거예요.

　그런데 그 결과가 뭐였나? 성남에 와서 아버지는 체면과 명분, 공부, 이딴 거 아무 소용없다. 거지를 면하려면 약착같이 돈을 모아야 한다. 그렇게 결심한 것 같아요.

　아버지에게도 아버지의 사연이 있었을 것이다. 자신의 맘 같지 않은 세상에 상처받은 후로, 원래의 자신을 부정하며 살았는지도..... 어쩌면 아버지는 평생 마음에 화가 나 있었던 건지도 모른다. 하지만 열네 살 아들이 공장에 다니며 야간학교에 가겠다는 걸 막는 아버지를 이해할 수 없었다. 권위적인 아버지를 둔 세상의 모든 자식들이 그렇듯 내게도 아버지는 언젠가 넘어야 할 산이었다.

　야간학교에 가지 말라는 말을 들은 날, 나는 이불을

뒤집어 쓰고 오래 울었다.

열다섯의 성공

위험한 일을 피해보자고 용접에 눈독을 들였다. 열심히 용접공을 쫓아다니며 조수를 했지만 기술을 배울 기회는 돌아오지 않았다.

다행인지 아주냉동이 문을 닫았다. 아버지는 곧장 다른 일자리를 구해왔다. 나는 또 새로운 공장으로 떠밀려 갔다. 스키장갑과 야구글러브를 만드는 대양실업이었다. '시다'를 벗어나기 위해 열심히 프레스기를 익혔다. 샤링기 유경험자, 매서운 눈썰미와 일머릴 덕분에 나는 다른 소년공들보다 빨리 프레스기 한 대를 차지하게 되었다.

무려 프레스공! '나름 성공한 열다섯이었다.' 라고 쓰려다 만다. 성공은커녕 고무기판 연마기에 손이 남아나질 않아 공장을 옮겼더니 더 위험한 샤링기를 만났고, 샤링기에서 떠나니 프레스기 앞에 앉아 있었다.

세상은 소년공의 안전에 아무 관심이 없었다.

대양실업에서는 사흘이 멀다 하고 권투경기가 열렸다. 권투가 인기 있던 시절이었다. 경기는 점심시간 공장 창고에서 벌어졌다. 직원 단합이나 복지 차원의 경기는 아니었다. 선수는 신참 소년공들이었고, 선수 지명권은 반장과 고참들에게 있었다. 지명당한 소년공들은 무조건 글러브를 끼고 나가 싸워야 했다. 그리고 고참들은 자기들이 먹을 '부라보콘' 내기를 걸었다.

그리고 그 부라보콘 값은 권투 아닌 격투기에서 진 신참 소년공의 몫이었다.

하고 싶지도 않은 경기를 해야 하는 소년공은 경기에 지면 돈까지 내야 했다. 나도 지목당하면 꼼짝없이 경기에 나갔다. 한달 용돈이 500원인데, 부라보콘은 100원이던가? 경기에서 지면 부라보콘 세 개 값인 하루 일당을 고스란히 빼앗겼다. 정말 '개떡' 같은 경기였다.

나는 그때 이미 왼팔을 제대로 쓸 수 없었다. 벼락같이 떨어지는 육중한 구형 프레스기가 왼쪽 손목을 내리치는 사고를 당한 것이었다. 조금만 더 늦게 팔을 뺐다면 ..... 손목이 부어올랐지만 타박상이려니 하고 빨간약과 안티프라민 연고나 자르고 말았다. 손목뼈가 깨졌을 거란 생각은 하지 못했다.

하지만 부기가 가라앉은 뒤에도 통증은 가시지 않았고

프레스기 작업을 제대로 할 수 없을 만큼 아팠다. 내색
하면 프레스공 지위를 잃는다는 생각에 아픈 걸 참고 숨
기며 더 열심히 일했다. 그게 평생의 장애가 될지 그땐
몰랐다. 프레스기에서 밀려나지 않는 것만 중요했다.

권투를 배워본 적도 없는 소년공들은 친구의 얼굴을
향해 주먹을 날리거나 형편없이 맞아야 했다. 이기든 지
든 우리는 투견장에 끌려 나간 강아지 같았다. 덩치가
작고 체력이 약하던 나는 경기를 빙자한 싸움에서 대부
분 맞고 돈까지 뜯겼다.

맞는 것도, 때리는 것도 싫었다. 거기에 돈까지 뺏기
면 기분이 정말 엉망이었다.

집으로 돌아가는 길, 나는 그저 공장을 옮기겠다는 말
만 반복해 중얼거렸다.

홀로 끙끙 앓던 밤들

악착같이 공부하겠다는 마음으로 도금실에서 락키실
로 옮겼다. 락카실은 이중으로 밀폐된 구역이어서 방해
를 덜 받았다. 나는 최고 속도로 작업 물량을 끝내놓고
남은 시간에 공부했다. 그 시간이 내겐 유일한 도피처였
다.

그런데 몸이 자꾸 말썽을 부렸다. 두통이 잦아졌고 코가 헐기 시작했다. 락카실은 독성물질이 배출되지 않아 화공약품 냄새가 지독했다. 결국 나는 그곳에서 후각의 반 이상을 잃었다. 좋아하는 복숭아 냄새를 맡을 수 없게 됐다.

프레스기에 치인 손목도 통증이 심해지고 있었다. 한 해 키가 15센티나 컸는데, 두 개의 손목뼈 중 성장판이 파손된 바깥 뼈만 자라지 못하고 있었다. 팔이 눈에 보일 정도로 뒤틀리면서 밤새 끙끙 앓는 날이 많았다.

몸까지 아프니 이러다간 시험을 망치겠다 싶어 공장을 그만두려 했다. 하지만 공장에선 불량률 낮은 숙련공을 순순히 보내주지 않았다. 결국 시험 한 달 전에 그만둘 수 있었다.

4월에 대입 검정고시를 봤다. 결과 발표는 한 달 뒤였고 대입시험은 7개월 남아 있었다. 7개월 공부해 대학에 붙어야 하는 상황, 마음이 급했다. 빨리 대입학원에 다니고 싶었지만 아버지는 검정고시 결과를 보고 가라고 했다.

공장을 알아봤지만 마땅한 곳이 없었다. 손목을 치료하려고 의료보험이 되는 공장도 찾아봤지만 그런 공장은 없었다.

집에서 미적거리고 있으니 아버지는 새벽 3시에 나를 깨워 함께 쓰레기를 치우러 가게 했다. 새벽부터 아침까지는 리어카를 밀며 쓰레기를 치우고, 오후에는 빈 병과 깡통을 골라 고물상으로 팔러가야 했다.

검정고시 발표가 났다. 합격이었다. 내겐 뿌듯한 성취였지만 아버지는 학원에 다니지 않아도 되는 야간 전문대학을 가라고 했다. 그럴듯한 대학에 들어가 공장을 벗어나려는 내 발버둥이 아버지의 눈엔 가당치 않은 도전으로 보였나 보다. 그 날 일기장엔 이렇게 적혀 있다.

아버지에게 학원 보내달라고 해도 직장 안 나간다고 안 보내주고 미칠 노릇이다. 괜히 주먹으로 벽도 쳐보고 머리로 막 받았다. 산다는 사실이 귀찮아진다.

 -1980. 5.16

아버지는 자신이 할 일이란 악착같이 돈을 모아 번듯한 집 한 채를 마련하는 것이라 생각했던 것 같다. 결국 가족을 위한 일이었고 종일 일하는 아버지가 이해가 되지 않는 것이 아니었다.
하지만 그때의 나는 아들을 응원해줄, 든든한 지원군이 절실히 필요했다.

아버지가 쓰레기 잔뜩 담긴 리어카를 끌 때 뒤에서 밀던 사람은 나였다. 하지만 아버지는 앞만 보고 힘겨운 발걸음을 내딛어 갔다.

아버지는 위대한 성자였다.

대학에서 길이 열리다

이재명의 대학시절

공부에서 길을 잃은 나는 평범한 소년공으로 돌아갔다. 공장에서 책을 보는 일도 없었다. 집에 돌아와 TV를 보며 놀고 있는데, 술을 한 잔 걸친 재영 형이 불쑥 한마디 던졌다.

"나처럼 평생 공돌이로 썩으려면 공부하지 마라, 임마."

형의 말이 아프게 나를 찔렀다. 누구보다 대학에 가고 싶은 나였지만 방법이 없었다. 전두환 국가보위비상대책위원회는 과외금지령을 내렸다. 과외로 학비를 벌어야 대학을 다닐 수 있는 가난한 형편의 학생들은 길이 막힌 셈이었다.

목표도 없이 공장에나 다니는 내 모습이 동생들에게 어떻게 비칠까 싶기도 했다. 동생들은 저녁 시간이면 화장실 일을 하는 엄마와 교대를 서주곤 했다. 창피할 텐데도 불평이 없었다.

막막해진 나는 성일학원 김창구 원장님을 찾아갔다. 검정고시를 준비할 때 무료로 학원을 다니게 해주었던 그분이 타이르듯 일러주었다. 본고사를 폐지하고 사지선다형인 학력고사만으로 시험을 보게 된 것은 재명이 같은 검정고시 출신에겐 절대적으로 유리하다고 했다. 또 학비 문제에 대해서도 덧붙였다.

"조금 있어보라. 군바리들이 국민들의 인심을 얻으려고 뭔가 화끈한 대책을 내 놓을 거야."

원장님의 말에 작은 희망이 생겼다. 나는 동생들에게 보여주기 위해서라도 다시 공부를 하기로 했다. 대학 등록금을 마련하든 못하든, 가만히 앉아 기다릴 수만은 없었다.

그런 의지 때문이었을까?

1981년, 과외금지령에 대한 원성이 빗발치자 국보위가 보완책으로 사립대학에 특별장학금 제도를 도입하라고 지시했다. 공부는 잘하는데 가정형편이 어려워 대학 진학이 어려운 학생들에게 등록금을 전액 면제해주고 생활보조금까지 지급하는 파격적인 장학제도가 만들어진 것이다.

물론 그 대신 국보위는 모든 대학의 입학정원을 대폭 늘려줬다. 대학 입장에서는 정원이 늘면서 생겨나는 등록금 수입이 장학금을 상쇄하고도 남을 수준이어서 '남는 장사'였다.

나는 당장 대입학원에 등록했다. 아버지도 공장을 계속 다니는 조건으로 학원 등록에 동의해 주었다. 월급에서 2만 원만 집에 가져다 주고 나머지는 학원비와 책값으로 사용해도 좋다는 허락까지 받았다.

주어진 시간은 8개월이었다. 3년 공부를 8개월에 해야 했고 장학금을 받으려면 260점은 받아야 했다. 등수로 따지자면 수험생의 약 0.5% 이내였다. 쉬운 일은 아니었다.
하지만 중요한 것은 나에게도 길이 열렸다는 것이다. 가슴이 뛰었다.

이재명대통령 자서전에서 인용

중앙대학교는 중도의 길을 알게 했다. 미중 패권전쟁 틈바구니 속에서 우리의 존재의 의의를 자각하고 지혜로운 처신과 결단으로 고토를 회복하고 문화민족의 위대함을 전 세계에 알리리라!

1982년 중앙대학 입학식에서 어머니 함께 한 이재명

약자들에게 힘이 되어보겠다

아버지가 하루는 내가 받게 될 특대장학금에 대한 얘기를 꺼냈다. 재선이 형 대입 학원비를 자신이 댈 터이니 월 20만 원의 특대장학금을 맡기라는 것이었다.

이전에 재선 형은 나와 같이 대입 검정고시를 봤다. 중장비 정비자격증을 따고 부산 근처의 원자력발전소 건설현장에서 일하던 중에 응시했던 것이다.

재선 형은 공부하기가 나보다 더 열악한 상황이었다. 그때 형은 시험 보기 이틀 전 집에 와서 밥을 먹으면서도 공부했다. 이항정리와 포물선을 가르쳐준 것도 나였다. 이제 재선 형은 앞서 내가 그랬던 것처럼 학원에 다니며 대입을 준비할 참이었다.

특대장학금을 맡기라는 아버지의 말에 나는 펄쩍 뛰었다.

"싫어요. 집에서 어떻게 공부를 하고 학교를 다녀요? 장학금으로 서울에 방 얻어서 재선 형이랑 공부할 거예요. 재선 형 학원비도 제가 낼 거구요!"

나는 형이 8개월간 돈 걱정 없이 마음껏 공부할 수 있도록 확실하게 밀어줄 참이었다. 하지만 집 한 채 마련하는 일에 몰두하는 아버지를 생각하면 재선 형에게 학원비를 충분히 줄 것 같지 않았다.

내가 마지막으로 오리엔트 공장을 다니며 3개월 월급을 모아 학원비를 댔던 것처럼, 장학금으로 형의 미래에 투자할 생각이었다. 재선 형도 공부하면 잘될 거라는 확신이 내겐 있었다.

그렇게 버티자 아버지도 특대장학금 얘기는 더 이상 꺼내지 않았다.

특대장학생으로 법대에 들어갔다는 소문을 들은 친척과 이웃들은 내가 마치 판검사가 된 것처럼 받아들였다. 졸지에 사법고시 보는 것이 당연해지고 있었다. 법대 가면 사법고시를 보는게 일반적이라는 것은 대학에 붙고 나서 알았다.

이제 어떻게 할 것인가?

매 맞는 노동자로 살기 싫어 시작한 공부였다. 이제 그런 일은 없을 것이었다. 하지만 문득 아직도 공장에 남아 있을 아이들이 떠올랐다. 내게 최초로 유행가를 가르쳐주었던 나보다 어렸던 소년공도..., 함께 새벽까지 일하고 공장바닥에서 유행가를 흥얼거릴 때 우리는 친구였다. 문득 그런 힘겨운 나날을 보내야 하는 사람이 더 이상 없었으면 하는 마음이 일었다.

그리하여 입학식을 앞둔 82년 2월의 어느 밤, 나는 일기장에 이렇게 적었다.

어차피 시작한 것, 사법고시에 합격하여 변호사로 개업하겠다. 그래서 약한 자를 돕겠다. 검은 그림자 속에서 고생하는 사람들에게 빛이 되어보겠다.

약자들에게 힘이 되어보겠다는 결심은 막연했지만 마음에 들었다.

이대통령 자서전 中

"나는 섬김을 받으러 온 것이 아니라 섬기러 왔다."

광지령, 한계령, 소청봉과 비선대

대학 첫 학기는 대충 보낸 하루에 대한 자책과 내일부터는 공부에 매진하겠다는 다짐 사이에서 끝났다. 일곱 식구 복닥거리는 단칸방에서는 공부가 잘되지 않았고, 동기들보다 한 살 일찍 대학에 들어온 나는 사법고시도 3학년에야 볼 수 있었다. 졸업정원제에 반영하는 성적도 2학년부터 적용됐다. 문득 이것은 '1학년 때는 놀도록 하라'는 어떤 초자연적 명령이 아닐까 하며 합리화에 골몰했다.

결국 여름방학을 맞아 여행이란 걸 해보자 결정했다. 수학여행을 빼면 삶은 지금껏 단 한 번도 내게 여행의 기회를 주지 않았다. 친구 심정운에게 말하니 적극 반겼다. 그렇게 모은 돈을 몽땅 털어 강원도로 떠나기로 했다. 1만4천 원을 들여 낚싯대와 배낭, 싸구려 농구화, 모자를 샀다.

설렘으로 밤잠을 설치고 경춘선을 탔다. 춘천에서 정운이네 큰집에서 하룻밤 신세를 지고 소양강에서 양구행 배를 탔다. 푸른 물을 가르며 달리는 뱃머리에 서 있으니 너무 좋았다. 대학생이란 이런 것인가 싶었다. 물론 영화 〈타이타닉〉의 레오처럼 'I'm the king of the world!(나는 세상의 왕이다)'를 외치진 안았다. 그 배에서 자전거를 가지고 탄 학생 하나를 만났는데 뜻밖에 그도 중앙대 공대 1학년이었다. 자전거를 타고 제주도까지 갈 거라고 했다. 우리는 단박에 의기투합해 함께 여행하기로 했다.

양구에서 인제로 가기로 했다. 광치령을 넘어야 했는데 고개 기슭에 도착했을 때 이미 오후 6시가 넘어 있었다. 군인들이 걸어서 넘기엔 너무 늦었다며 말렸지만 세 청춘을 막진 못했다.

정상에 도착했을 땐 밤 10시가 넘었다. 지나온 길은 달빛 아래 아득했고 가야 할 길 위로는 밤안개가 밀려오고 있었다. 그렇게 밤새 광치령을 넘어서 여행은 외설악과 한계령, 소청봉과 비선대로 이어졌다. 소청봉과 비선대는 싸구려 농구화 때문에 물집이 잡혀 맨발로 올랐다.

여행은 삶의 가장 훌륭한 학교다. 오르막을 오르면 내리막이 기다리고, 내리막을 가면 다시 오르막이 있다는 걸 깨닫는 시간이다.

고개를 넘으면 새로운 세상이, 어쩌면 정상이 펼쳐질 거라는 '희망'에 다시 걸음을 옮기는 것이다.

희망은 우리를 견디게 하고, 비용을 요구하지 않아 만

인에게 공평하다.

광치령을 밤새 걸어서 넘을 때 산이 구름에 가리지 않고 그 모든 골짜기를 드러냈다면 엄두가 나지 않았을지도 모른다.

혹자는 내가 두려움을 모른다는데 맞지 않는 얘기다.

나는 겁이 없는 게 아니라 여행을 통해 배웠을 뿐이다.

내려가면 반드시 올라가고, 또 골이 깊어야 산이 높다는 것을……

이대통령님 자서전 中 인용

자연은 모두가 가라. 하나님의 형상이며 나의 일부임을 깨달았다. 우주는 하나다.

정신 차려라, 재명아

사법고시 2차시험 날짜가 다가오고 있었다. 가족, 친척, 교수님들까지 내가 2차에 합격할 것으로 믿었다. 2차에서 떨어지면 내년에 다시 1차부터 준비해야 하는데, 내년부터는 돈 나올 곳이 없었다. 게다가 사법고시 합격해서 어려운 사람들과 함께 하겠다던 친구들과의 약속도 있으니 처절한 마음가짐으로 매진해야 했다. 그런 다짐은 당시 일기장에 수시로 등장한다.

− 지금부터 전쟁이다. 처절히 싸우겠다.
− 공부란 의식없는 황소처럼 아둔하게 하는 것이다.
− 한 번 떨어져 볼래? 정신 차려라, 재명아.

마음을 다잡고 공부한 끝에 85년 7월 2차 시험을 봤다. 잘 본 것 같았다. 걱정했던 민법도 무난하게 답을 썼다.

시험이 끝난 후 다시 자전거를 타고 전국 일주에 나섰다. 이번엔 혼자였고 동해안을 타고 내려가 남해안 서해를 돌았다. 집에 돌아온 건 18일 후였다. 매일 쉬지 않고 달린 덕분이었다.

이윽고 합격자 발표가 났다. 놀랍게도 명단에 내 이름이 없었다. 믿을 수 없었다. 종합점수는 합격점을 훨씬 넘는 상위권이었지만 상법이 39.66점으로 기준인 40점에서 0.34점 부족했다. 3인의 채점관 중 2명은 40점을, 1인은 39점을 준 것으로 보는 게 맞았다.

무엇이 잘못되었을까? 직접적으로는 상법에서 문제를 잘못보고도 확인하지 않고 대충 쓴 것이 원인이었고, 간접적으로는 첫술에 1차에 합격한 것이 원인이었다. 1차에서 아주 좋은 성적으로 합격한 덕분에 나도 모르게 자만하고 경솔했다. 낙방이 믿기지 않아 술을 마시고 울었다. 그날 책가방도 잃어버렸다. 내가 원하는 시험에 떨어지기는 처음이었다. 창피하고 한심했지만 그보다 현실적인 어려움이 목을 죄어왔다. 다시 1년 더 공부해야 하는데 무슨 돈으로 할 것인가. 물론 지금 생각하면 그 때의 실패가 내 인생에 큰 도움이 되었다. 그때 바로 합격했으면 내가 무척 잘난 줄 알고 건방지게 살았을지도 모른다.

주눅이 들어 집안에 틀어박혀 있는데 뜻밖에도 아버지가 여행을 가라고 권했다.

"이왕이면 고향에 한 번 다녀와라."

아버지는 결정적인 순간에 그렇게 응원의 말을 전했다. 고향에 가 옛 친구들을 만나 즐거운 시간을 보내니 정말 마음이 어느 정도 안정되었다. 아버지에게 친구들에게 고마웠다.

나는 좀 더 진중해졌다. 눈앞의 현실과 미래의 과제 사이에서 갈등하지 않고, 둘을 조화시켜 나가는 방법도 걸음마 하듯 찾아나갔다.

정의를 위해 싸우는 친구들을 보며 죄책감에 시달리는 대신 집회에도 참여했고, 고시원으로 돌아가서는 더 열심히 공부했다. 그렇게 4학년 2학기가 되어서야 처음으로 투석전이 아닌 1부 집회에 참여한 사람이 되었다.

어떤 시기의 삶도 그저 미래를 위한 수단이 되어서는
안 될 일이었다. 나는 내 방식대로 싸우고 내 방식대로
공부하며 살아가겠다는 결심을 했다.
그런 다짐은 마땅해 보였다. 낙방이 내게 준 선물.

삶이 고마웠다. 나는 성장하고 있었다.

이재명대통령 자서전에서 인용

모두가 고향이 있다. 예수님도 고향에서는 대우받지 못
했다.

고통의 한 가운데서 아들을 기다리다

아버지의 지원으로 사법고시를 공부하던 86년 3월,
아버지의 입원소식을 들었다. 바로 병원으로 달려갔다.
의사는 위암이 재발해 3개월을 넘기기 어렵다며 여름까
지도 버티지 못할거라 했다. 병실에 누워계신 아버지를
보니 자책이 들었다. 아버지를 원망만 한 것 같았다. 자
식된 도리로 위암 하나 못 고쳐드리는구나 싶었다. 아버
지의 삶도 가여웠다. 행복을 누릴만하니 생이 다하고 있

었다.

마음이 급해졌다. 아버지를 위해서라도 사법고시에
합격해야 했다.

법대에 합격했을 때 동네사람들에게 아들이 법대에 다
닌다고 자랑하던 아버지의 모습을 우연히 보았다. 환하
게 웃으며 내 얘기를 하는 아버지는 낯설었다.

사실 생각해 보면 아버지는 결정적인 순간에는 내 공
부를 밀어줬다. 한 번 떨어지고 다시 사법고시를 준비해
야 할 때 깊숙이 숨겨놓았던 돈을 공부하라고 준 것도
아버지였다. 그때 좀 놀랐다. 실은 아버지도 마음 깊은
곳에선 나를 응원하고 있었던 것이다.

더 이상의 낙방은 있을 수 없었다. 나는 합격을 목표
로 무섭게 공부에 집중했다.

5월, 1차 시험을 봤다. 합격이었다.

7월, 2차 시험을 봤다. 합격이었다.

최종 합격한 것은 겨울이었다. 내 나이 스물넷. 아버
지는 의사가 예고한 3월을 지나 그때까지 살아 계셨다.
하지만 이미 의식이 거의 없었다. 마약성 진통제에 기대
겨우 숨을 부지하고 계셨다.

나는 무거운 마음으로 아버지 귀에 대고 속삭였다.

"아버지… 저 사법고시 최종합격했습니다."

그 말이 아버지의 의식에 닿았을까? 의식이 없다고 여

겼던 아버지의 눈가에서 천천히 눈물이 흘러내렸다. 마음이 무너져 내렸다. 그때까지도 나는 아버지와 제대로 화해하지 못하고 있었다. 자책이 깊었다.

아버지가 돌아가신 건 그로부터 얼마 지나지 않아서였다. 공교롭게도 내가 태어난 날, 태어난 시각에 돌아가셨다.

나는 그제야 깨달았다. 아들의 성공을, 내 최종합격 소식을 듣기 위해 그 고통의 한가운데서 아들을 기다리고 계셨을.....

가족이 살 집 한 채 마련하는 걸 일생의 목표로 삼고 평생 노동해온 아버지였다. 그런 아버지를 이해할 수 없어 나는 맹렬히 저항했다. 마치 나 혼자 태어나 자라온 것처럼 오만해, 대학 전공도 상의 없이 내 마음대로 정했다. 모든 자식들이 그러하듯 나도 아버지 돌아가신 뒤에야 알았다. 아버지가 내세 얼마나 큰 십이었는지 .....

그런 아버지에게 사랑한다는 말을 한 번도 못했다.

누구나 아버지가 살아 계신다면, 뜬금없더라도, 또 불화하는 아버지일지라도, 사랑한다는 말을 꼭 해놓으시길 바란다.

제대로 화해하지 못했다는 후회는 너무나 깊으니 그런 후회가 없도록.....

아버지, 사랑했습니다.

아니, 사랑합니다. 아버지.

명사, 권력자? 먼저 사람이 되자

이재명의 일기장

사법연수원에 입소했다. 연수생
들에게는 월급이 나왔다. 첫 월급
을 떼어 어머니께 드렸다. 어머니
는 그 지폐를 쓰지 않고 부적처럼
오래 지니고 다니셨다.

매일 성남에서 연수원으로 출근했다. 정작 교육내용
은 실망스러웠다. 경직된 교육제도에다 부실한 강의내용
까지... 판결문과 공소장 쓰는 기계가 되라는 것인지 기
능 위주의 교육이 반복됐다.

연수생들의 태도도 편치 않았다.

사법고시 합격할 정도면 최고의 지적 능력과 소양을
갖춘 사람들일 줄 알았는데 그게 아니었다. 은근히 지연
과 학연, 집안을 자랑하는 연수생이 많았다. 몇몇은 아
주 노골적으로 무수저 출신이나 내세울 연줄이 없는 연
수생을 무시했다. 그런 분위기는 나를 힘들게 했다. 그
때 일기에는 이렇게 적혀 있다.

사회적 위치가 높은 사람보다는 인간적인 사람이 되어야겠다는 생각이 많이 든다. 사람이 되어야지, 명사나 권력자가 되어서는 안된다.

　내가 부족할 게 없는 집안에서 편하게 공부해 사법고시에 합격했다면 이런 생각을 할 수 있었을까.

　연수생들의 분위기는 내가 공장이나 대학에서 만난 사람들과 많이 달랐다. 가진 게 없고 빽 없는 사람들, 그래서 여리고 순한 사람들, 나는 내가 아는 그 사람들이 자꾸만 눈에 밟혔다.

　그해는 1987년이었다. 대한민국 역사에 특별한 방점이 찍힌 해. 1987년 6월 민주항쟁이 있던 해. 1월에는 서울대 학생 박종철이 남영동 대공분실에서 고문을 받다 사망했고, 6월 9일에는 연세대 학생 이한열이 경찰이 쏜 최루탄에 머리를 맞고 피투성이가 되어 쓰러졌다.

　박종철 학생 고문 타살 기사를 봤을 때 몸이 부들부들 떨렸다. 전두환의 학살은 계속되고 있었다. 참을 수가 없었던 나는 퇴근 후 시위장소로 직행했다. 학생들 사이에서 양복을 입은 채로 '독재타도.' '민주쟁취'를 외쳤다.

　여섯 권째 내 일기장 표지에는 박종철 학생의 사진이

붙어 있다. 일기장은 내 가장 진실되고 솔직한 기록이다. 그 내밀한 곳에 박종철의 사진이 있다. 그것은 잊지 않겠다는 절절한 다짐이었다.

그해 전국적으로 약 500만 명이 시위에 참여했다고 한다. 6월 10일에는 서울에서만 30여 곳, 전국적으로 500곳 이상에서 집회가 열렸다. 당일 오후 6시 정각, 전국 곳곳에서 교회가 종일 치고, 그것을 신호로 차량들이 일제히 경적을 올리고, 시위대들이 함성을 질렀다. 지나던 시민들이 걸음을 멈추고 박수로 호응했다.

하나로 뭉쳐진 거대한 힘.

누구에게나 삶의 방향을 결정짓는 어떤 불멸의 순간이 있다.

1987년 6월은 대한민국이라는 공동체가 오직 민중의 힘으로 새로운 길을 연 불멸의 순간이었다.

그때, 지금은 차들로 가득한 서울의 도로를 온통 사람들이 많이 깃발이 점령했다.

나도 거기에 있었다.

다 잃어도 괜찮다

6개월만이라도 판검사를 하면 전관예우를 받아 돈 걱

정 안하고 수월하게 변호사로 개업할 수 있었다. 하지만 그건 '변호사가 되어 약자와 함께 하겠다'던 동기 이영진에게 했던 약속을 어기는 것이었다.

"저는 노동자들과 함께하는 인권변호사가 될 겁니다."

사법연수생 때 그렇게 말하고 다녔다. 사람들에게 공언하고 다니면 다른 생각은 하지 않을 거였다. 스스로에게 취한 강도 높은 조치였던 셈이다.

1987년 6월 민주항쟁 승리로 민주화 바람이 부는 듯했다. 대통령도 국민이 직접 뽑게 되고 대학 캠퍼스에서도 정보요원들이 철수했다. 그러나 놀랍게도 검찰청과 법원에는 여전히 국가안전기획부(현 국가정보원) 요원들이 상주하며 수사와 재판에 개입하고 있었다.

게다가 새로 들어선 노태우 정부는 아무런 자기반성도 없이 전두환 정권이 임명한 대법원장의 유임을 추진하고 있었다. 옳지 않았다. 민주사회를위한변호사모임 등이 반대성명을 발표하고 있었다.

당시 나는 뜻을 함께하는 연수생들과 '노동법학회'란 모임을 만들어 공부도 하고 상담 봉사활동도 나가곤 했다. 그때 함께한 이들이 정성호, 문무일, 최원식, 문병호

등이다. 군부정권의 대법원장 유임 움직임에 고민이 깊었다. 나는 총대를 메고 연수원 18기 동기들을 모았다. 그리고 봉천동 여관에 모여 어찌할 것인지 밤새 토론했다. 여관비 20만 원도 내가 냈다.

사법연수생 명의로 성명서를 내기로 했다. 성명서를 낸다는 건 간단한 일이 아니었다. 연수생 자격을 박탈당할 수도 있는 일이었다. 최소 중징계에서 형사처벌까지 각오해야 했다. 하지만 우리는 결정했다. 나는 심혈을 기울여 성명서 초안을 작성했다.

후에 최원식은 "워낙 초안을 잘 써서 수정할 게 없었다."고 회고했다. 완성된 초안을 성남 우리집으로 들고 가 2벌식 타자기로 쳤다. 그리고 전국 각지에서 실무연수 중인 연수생들의 서명을 받기 위해 모두 흩어졌다.

이윽고 1988년 7월 1일, '사법부 독립에 관한 우리의 견해'라는 성명이 발표됐다. 사법연수원생 185명이 서명한 성명서였다. 연수생들이 외부에 집단적으로 견해를 표명한 것은 연수원이 세워진 이래 처음있는 일이었다. 나라가 들썩했다.

대법원장 유임 반대 움직임은 이후 법조계와 종교계, 시민사회단체로 확대됐고, 결국 그것은 없던 일이 되었다. 뿌듯했다. 역사는 그 사건을 '2차 사법파동'이라 부른다. 대한민국 역사상 두 번째로 벌어진 법조계의 반독재 투쟁이다.

누군가 연수생 자격을 박탈당하면 어쩌려고 그랬느냐고, 두렵지 않았느냐고 묻는다. 두렵지 않았다면 거짓말일 것이다. 하지만 그때, 몰려오는 두려움과 망설임 앞에서 나는 이렇게 생각했다.

'내가 여기까지 온 것도 많이 온 것이다. 지금부터 얻는 것은 덤이니, 다 잃어도 괜찮다.

나를 놓아버리자 두려움이 물러나고 용기가 왔다. 그렇게 길은 다른 방식으로도 열린다.

우리는 승리했다. 또 민주화 바람이 워낙 세게 불었던 탓에 처벌도 면했다. 다행이었다.

인권변호사시절 이재명

길을 열어준 그 사람

사법시험 성적과 연수원 성적을 합한 최종성적은 중상 위권이었다. 판검사 발령이 가능한 수준, 다시 마음이 흔들렸다. 어린 나이에 경험도 없는 변호사 개업이 두려웠고, 임관은 포기하기가 아까웠다. 소위 말하는 '판검사'가 되면 어머니가 좋아하실 것이었다. 그런 고민을 하고 있으니 내가 이렇게 소시민적이었나 싶어 자괴감이 일었다.

나는 일기장에 꾹꾹 눌러쓰며 마음을 다잡았다.

나의 개인적 행복만을 위해 살 것인가. 아니면 세상의 탄압받고 억눌리는 사람들을 위해 나의 행복을 조금 포기할 것인가. 돼지와 사람의 차이가 무엇인가.

흔들리는 내 마음에 쐐기를 박아준 것은 한 변호사의 특강이었다. 정말 시원시원하면서도 구수하게 말을 잘하는 분이었다.

나는 한 마디도 빠뜨리지 않고 집중해 들었다. 그분이 바로 내가 하려고 하는 노동인권변호사였으니까.....

"변호사는 뭘 해도 밥은 안 굶는다!"

그분의 마지막 말이었다. 호통같기도 한 그 말이 가슴 한가운데로 쑥 들어오더니 나를 안심시켜주었다. 뭘 해도 굶지 않는다면 못할 게 무어란 말인가. 내게 길을 열어준 말이었다. 그때 특강을 했던 분이 바로 노무현 전 대통령이었다.

나는 또 깨달았다. 판검사로 잠깐이라도 단맛을 보면 그때는 포기가 더 어려울 것임을..... 한 번의 타협은 한 번으로 끝나지 않는 법이다.

그럼 이제 어디서 어떻게 시작할 것인가? 답은 어렵지 않게 나왔다. 일기장에도 못 박듯이 적었다.

성남은 내 일생의 반을, 그것도 험한 세상을 겪으며 보낸 곳으로서, 나의 두 번째 고향이자 내가 다시 태어난 곳이다. 그렇기에 나는 성남을 사랑하며 걸고 이곳을 벗어날 수 없다. 나는 성남을 새로이 일으킬 것이며 민주화의 거점으로 성장시킬 것이다.

- 1988년 5월 12일

내가 힘이 되어 주어야 할 상대는 노동자와 빈민이었고, 성남에는 무수히 많은 '어제의 이재명'들이 여전히 힘들게 살아가고 있었다. 결국 유혹을 걷어내고 성남에 변호사 사무실을 내기로 결정했다. 근무시간 외에는 노동상담소에서 상담역으로 자원봉사를 하기로 했다.

한 심리학자는 『2021·2022 이재명론』(간디서원, 2021)이란 책에서 나를 두고 사적 욕망이 공적 욕망으로 승화된 정치인이라고 진단했다. 매 맞는 노동자로 살지 않겠다는 사적욕망이 그 누구도 매 맞지 않는 사회를 건설하겠다는 공적 욕망으로 발전됐다는 것이다. 그러면서 공익 추구형 정치인의 특징을 이렇게 나열했다.

첫째, 권력을 잡기 위해 뭔가를 하는 게 아니라, 뭔가를 하기 위해 권력을 필요로 한다.
둘째, 개인적 손해를 두려워하지 않는다.
셋째, 대중은 물론이고 반대자들도 피하지 않는다.
넷째, 절대다수의 일반 국민에 대한 강한 연대감을 갖는다.
공감이 되는지 궁금한 대목이다.
도는 무이다. 열반이 공이다. 출세한 자체가 공이다.

상처는 빛이 인간에게 들어오는 통로입니다

차가 다니는 길도 없는 화전민 마을에서 태어나 한 마

리 담비처럼 자란 소년이 있었습니다. 사방이 산으로 둘러싸인 오지의 저녁은 일찍 찾아왔습니다. 해가 지면 전깃불 한 점 없는 산촌은 온통 칠흑 같은 어둠이었습니다.

하지만 소년은 아름다운 빛의 아이였습니다. 산촌의 저녁을 밝히는 신비한 반딧불이는 소년의 친구였습니다. 소년은 깨끗한 계곡과 숲에 사는 신비한 반딧불이를 쫓아다니며 담비처럼 자랐습니다.

반딧불이의 친구였던 소년은 6년 동안 시오리(6km) 산길을 걸어서 초등학교에 다녔습니다.

그 소년은 초등학교를 졸업하고 성남으로 올라와 열세 살 나이에 소년공이 되었습니다. 친구들이 교복 입고 중·고등학교에 다닐 때 소년은 공장에서 일했습니다. 공장의 불빛은 밝았지만 따뜻하지 않았습니다. 공장은 위험하고, 일은 힘들었습니다. 폭행은 일상적이었습니다. 그는 100개가 넘는 상처를 입고, 기계에 찍혀 손목을 다쳤습니다.

손목의 성장판이 멈추면서 굽어버린 팔은 그에게 절망이었습니다. 더 이상 노동자로도 살아갈 수 없게 되었습니다. 기능공이 되어 어머니와 가족들을 가난에서 구원하고 싶었던 소년의 꿈은 산산조각이 났습니다. 공부해서 성공하는 길 외에는 달리 살길이 없었습니다.

그러나 학교는커녕 학원도 다닐 처지가 아닌데 어떻게 합니까. 수면제 20알을 먹고 연탄불을 피워둔 다락방에 누워 두 번이나 자신을 세상에서 지워버리려고 했습니다. 이상하게 여긴 약사가 준 가짜 수면제 덕분에 살아난 소년은 마음을 바꿉니다. 절망이 아닌 희망을 선택하기로, 열일곱 살 소년공은 열세 살 때부터 써온 일기장에는 이렇게 씁니다.

"어렵다는 것은 가능성이 있다는 것이다."
"고생하는 어려운 사람들의 빛이 되어보자."

그는 어려움 사이에 남아 있는 실낱같은 희망에 도전합니다.
무슨 일이 있어도 공부하기로 각오를 다진 소년은 세 가지 목표를 세웠습니다. 그리고 일기장에 이렇게 꾹꾹 눌러썼습니다.

첫째, 남에게 줘 터지지 않고 산다.
둘째, 돈을 벌어 가난에서 벗어난다.
셋째, 자유롭게 돌아다니며 산다.

여섯 식구가 사는 단칸 셋방에는 책상 하나 놓을 자리가 없었습니다. 식구들이 자는 방에 불을 켜둘 수도 없었습니다. 책을 들고 마당으로 나가 수돗가에 놓인 물통을 엎어놓고 책을 펼쳤습니다. 주인집 창문에서 흘러나오는 불빛을 빌려서 그는 공부했습니다. 그렇게 고입 검정고시와 대입 검정고시를 통과한 그에게 대학 입학시험을 준비할 시간은 단 8개월이었습니다. 그것도 학원비를 마련하기 위해 공장에 다니면서 말입니다. 공장의 관리자와 고참들은 책을 끼고 다니는 소년공을 아니꼽게 여겼습니다. 시험이 눈앞인데 매를 맞아 갈비뼈가 부러졌습니다. 그래도 소년공은 꿈과 목표를 포기하지 않았습니다.

아침에 출근해서 가슴의 통증을 견디며 종일 일하고 5시 반에 퇴근해서 서울의 답십리에 있는 학원으로 달려가 공부했습니다.

막차를 타고 돌아와 동네 독서실 희미한 불빛 밑에서 새벽 4시까지 공부했습니다. 졸지 않으려고 책상에 깔아둔 압정에 찔려 흘린 피로 참고서가 얼룩졌습니다. 그렇게 밤새워 공부하고 통금이 해제되는 4시에 가로등도 없는 어두운 길을 걸어 집으로 돌아가 3시간 자고 다시 공장으로 출근했습니다.

공부를 시작할 때 전국 30만 등 밖이었던 그는 8개월 공부해서 대입 학력고사에서 2천 등 대에 들어습니다.

그는 등록금 전액을 면제받고 매달 20만 원의 생활비를 주는 대학교 특별대우 장학생이 됩니다. 그가 다달이 받은 장학금은 공장에서 받던 소년공 월급의 세 배였습니다. 자신이 받은 장학금으로 형을 공부시켜 대학에 보냈습니다.

언론에서 보도한 대로 '광주폭등'으로만 알았던 광주민주화운동의 진실을 대학에 가서야 알게 된 그는 부끄러웠습니다. 선배와 동기들이 운동권에 들어오라고 했지만 그는 그럴 수 없었습니다.
"미안하지만, 나는 변호사가 되어 어려운 사람들과 함께하겠다."

그렇게 말했던 소년공 출신 대학생은 약속을 지켰습니다. 사법고시에 합격한 그는 판·검사를 할 수 있는 성적이었지만 변호사의 길을 선택합니다. 소년공이었던 어제의 자신이 있는 성남으로 돌아간 24세 변호사는 이렇게 다짐하고 일기에 씁니다.

"돈을 변호하지 말고 인간을 변호하자."

그는 권리의 사각지대에 놓인 노동자들과 소외된 성남 시민에게 반딧불이와 같은 작은 빛이라도 되어보려고 했습니다. 그는 금방 그들에게 '우리 변화사'가 되었습니다. 유명해지고 정치하면 망한다고 굳게 믿었던 그가 성남시장에 나선 것은 시민을 개, 돼지로 여기는 정치와 싸우기 위해서였습니다.

큰 병원 두 곳이 문을 닫으면서 응급의료기관이 없어지게 된 성남 구도심 지역에 시립병원을 설립하자는 20만 명의 간절한 서명이 담긴 '주민발의 조례안'을 살펴보지도 않고 단 47초만에 쓰레기통으로 던져버리는 정치를 바꾸고 싶었습니다.

공약이행을 1위 시장이었던 그는 '이사 가고 싶은 도시' 성남을 '이사 오고 싶은 도시'로 바꾸어 놓았습니다. 경기도지사가 된 그는 도민들로부터 '경기도민인 것이 자랑스럽다'는 이야기를 들었습니다.

20대 대통령 선거에 출마했던 그는 0.73% 차이로 아쉽게 졌습니다. 그는 표 차이가 근소하니까 조금 더 지켜보자는 주변의 만류에도 새벽 3시 40분에 당사로 나가 패배를 인정했습니다.

빠른 승복 선언으로 국민의 갈등을 줄이는 것이 패자의 책임이라고 여겼기 때문입니다. 승자에게는 승자가 져야 할 책임이 있는 것처럼, 패자에게는 패자가 감당해야 할 책임이 있으니까요. 그는 밤낮 없이 뛰어다닌 지지자들에게 머리 숙여 사과드리고 마음 깊은 곳에서 우러나온 고마움을 전하며 윤석열 당선자에게 축하를 보냈습니다.

"모든 것은 다 제 부족함 때문입니다. 모든 책임은 오롯이 저에게 있습니다. 윤석열 후보님께 축하의 인사를 드립니다. 당선인께서 분열과 갈등을 넘어 통합과 화합의 시대를 열어주실 것을 간곡히 부탁드립니다. 여전히 우리 국민을 믿습니다. 우리 국민은 위대했습니다. 여러분이 있는 한 대한민국은 계속 전진할 것입니다."

근소한 차이였지만 진 것은 진 것이었습니다. 어떤 단서도 없이 깨끗이 승복했습니다. 최대의 존중과 예의를 갖추어 당선자에게 축하를 보냈습니다. 그가 빠르게 승복하고 개방적 태도로 협조해야 근소하게 이긴 윤석열 정부가 국민을 위해 더 잘 일할 수 있으리라 믿었기 때문입니다.

그러나 윤석열 정부는 그의 기대를 너무나 빨리, 허망하게 무너뜨렸습니다.

좋은 정부는 나랏일을 맡긴 국민의 권리와 이익을 위

해 일합니다. 나쁜 정부는 국민을 업신여기고 국민 위에 군림하면서 자기 패거리의 이익만 좇습니다. 안타깝게도 윤석열 정부는 나쁜 정부의 길을 선택했습니다. 나라의 미래 비전은 하나도 준비하지 않고, 취임하기도 전부터 다수의 국민이 반대하는 청와대를 내버리고 대통령 집무실을 용산으로 이전하는 데 드는 천문학적 비용, 국방부 이전에 따른 국가안보의 문제점 등은 아랑곳하지 않았습니다. 국민을 위해 일하라고 준 권력을 오직 정적들 핍박하는 데만 사용했습니다.

윤석열 정권의 검찰은 그를 제거하기 위해 지방검찰청 하나 규모의 검사와 수사관들을 투입하고 500번 넘는 압수수색을 벌였지만, 없는 죄를 만드는 데 모수 실패했습니다.

2024년 1월 2일 오전, 그는 목에 칼을 맞았습니다. 법으로도 언론으로도 죽이지 못한 그를 칼로 죽이려 했습니다. 쓰러진 그는 손으로 목을 잡아 눌렀습니다. 손바닥으로 뜨뜻한 것이 흘러내렸습니다. 죽는구나, 싶었습니다. 하늘을 보니 너무나 햇빛이 눈부셨습니다. 곧 저 하늘의 빛이 눈앞에서 사라지겠지. 끝이다. 생각하니 가족들과 그를 너무나 사랑해 주셨던 어머니가 보고 싶었습니다.

그러나 그는 죽지 않았습니다. 1cm만 옆에 찔렸어도 그는 지금 살아있지 않을 것입니다. 경찰은 범행 직후 현장에 흘린 그의 핏자국을 사진 한 장 남기지 않고 물청소해 버렸습니다. 곧 이어 그의 병원 이송이 특혜라는 여론몰이가 시작되었습니다.

아무리 미운 정적이라고 해도 생사를 오가는 사람에게 어떻게 그런 모진 여론몰이를 할 수 있을까요. 그러나 그는 죽을 고비를 넘기고 병원에서 지내며 삶에 대해 많은 생각을 하며 더 의연해졌습니다. 남아 있는 생을 덤으로 여기기로 했습니다. 그렇게 마음을 정리하자 모든 일에 담담해졌습니다.

윤석열 정권은 법으로도, 언론으로도, 칼로도 죽이지 못한 그를 비상계엄령으로 죽이려 했습니다. 믿기지 않는 12.3 내란 소식을 들은 그는 오직 불법적인 비상계엄령을 해제시켜야 한다는 일념으로 계엄군이 기다리고 있을 국회로 달려갔습니다. 달려가며 유튜브 방송으로 국민들에게 호소했습니다.

"국민 여러분, 국회로 와주십시오...... 늦은 시간이긴 하지만 국민 여러분께서 이 나라를 지켜주셔야 합니다. 저희도 목숨을 바쳐 이 나라 민주주의 꼭 지켜내겠습니다. 우리의 힘만으로는 부족합니다. 이 나라의 주인이신 국민 여러분께서 나서주셔야 합니다."

그가 유튜브 방송을 하는 동안 운전대를 잡은 그의 아내는 쉼없이 눈물을 흘렸습니다. 살아서 돌아오지 못할지도 모를 사지로 그를 태워다 주며 아내는 방송에 지장을 줄까, 울음소리마저 삼켜야 했습니다. 그는 미처 병력이 배치되지 않은 국회 담장을 넘어 들어가 절체절명의 순간에 계엄령을 해제시키고, 마침내 국민을 배반한 내란 우두머리 윤석열의 탄핵안을 가결시켰습니다.

그는 국회대로를 가득 채우고 기다리던 시민들 앞으로 걸어 나갔습니다. 내란이 일어난 12월 3일 국회에 들어온 지 11일만에 바깥으로 나가는 것이었습니다. 죽을지 모른다는 생각으로 담을 넘어 들어온 국회를 살아서 당당히 걸어 나가기는 그의 가슴은 먹먹했다. 여의도의 저녁을 찬란하게 밝힌 형형색색의 응원봉 불빛을 바라보며 그는 마이크를 잡았습니다.

"국민 여러분이 해내신 것입니다. 국민 여러분께서 새로운 역사를 쓰고 계시는 것입니다. 전 세계에 없는 무혈 촛불혁명을 이뤄냈던 것처럼, 다시 빛의 혁명을 만들어내고 있습니다."

그의 눈앞에 펼쳐진 여의도 광장은 찬란하고도 황홀한 빛의 축제였습니다. 2016년 광화문을 달군 촛불혁명과 다른 새로운 혁명이었습니다. 무겁고 비장하던 촛불시민들과는 다른 발랄하고 경쾌한 빛의 전사들이 춤추며 노래하고 있었습니다. 그는 이것이 빛의 혁명임을 직감했습니다.

그가 '빛의 혁명'이라고 부른 다음 주부터 촛불혁명이란 이름은 지난 역사의 한 페이지가 되었습니다. 찬란한 빛의 혁명은 촛불처럼 여전히 간절했지만 더 이상 위태롭지 않습니다. 어떤 어둠의 세력도 빛을 이길 수는 없습니다.

2024년 겨울, 대한민국은 '빛의 혁명'과 함께 새로운 시대를 향한 여정을 시작했습니다.

그는 찬란한 빛의 여정 맨 앞에 섰습니다. 그는 지나온 자신의 길을 밝혀주었던 모든 빛을 잊지 않을 것입니다. 한 마리 담비처럼 살았던 산골 아이의 친구가 되어준 반딧불이를, 소년공의 몸에 새겨진 100개가 넘는 상처의 순간을 지켜본 불빛을, 마당에서 공부하던 소년을 비춰준 주인집의 불빛을, 칼을 맞고 쓰러져 바라보았던 그 눈부시던 햇빛을.....

이재명의 삶을 아는 분들은 모두 그가 얼마나 많은 상처를 입으며 여기까지 왔는지 잘 알고 있습니다. 그러나 그가 입은 상처는 모두 가난과 불의와 불공정과 싸운, 지울 수 없는 기록들입니다. 사적 이익을 지키려다 입은 상처는 단 하나도 없었습니다.

13세기 페르시아의 시인 루미는 '상처는 인간에게 빛이 들어오는 통로'라고 했습니다. 중세의 달빛 사이로 걸어간 시인의 통찰력을 빌리면, 그의 상처는 그만큼 많은 빛이 그의 내면으로 스며든 흔적일 것입니다.

'성실하고 소박한 사람들, 가진 게 없어 서러운 사람들의 빛이 되어 보겠다.'

23세 사법시험에 합격한 이재명

사법연수원을 마친 이재명

그 꿈이 있어 그는 여기까지 왔습니다. 이재명 자서전 '그 꿈이 있어 여기까지 왔다'는 한 사람이 꾸었던 눈물겹게 아름다웠던 꿈, 그 꿈을 향한 여정에서 입은 수많은 상처의 기록입니다.

그 상처를 통해 그가 흡수한 내면의 빛으로 그는 스스로 발광체가 되었습니다.

이재명대통령 자서전에서 인용

* 이 책은 스토리텔링콘텐츠연구소가 정밀한 취재와 조사, 검증을 거쳐 정리한 이재명 서사의 정본 '이재명 편전-인간 이재명'을 토대로 〈웹자서전〉 자원봉사자들의 도움을 받아 이재명 후보와 스토리텔링콘텐츠연구소가 펴낸 공동 저술입니다.

연말 회식 취소하지 마세요

살얼음판을 걷는 듯한 정국에 선뜻 "안녕하십니까?"라는 말을 꺼내기가 쉽지 않다. 비상계엄과 내란으로 인한 정치·외교적인 타격도 문제지만, 국민들의 삶과 직결된 민생과 경제자 직격탄을 맞아 휘청거리니 더운 걱정이다. 신뢰를 먹고 사는 경제는 불안정성에 매우 취약한데 지금은 모든 것이 불안하다.

2024년 연말 대목을 앞두고 자영업자들이 내는 한숨

소리에 내 가슴도 타들어갔다. 국가 위기 상황에 여야는 없다. 정치권이 합심해서 위기 극복에 나서야 한다. 그래서 간곡히 말씀드렸다. "연말 회식과 행사를 취소하지 마세요. 만날 사람은 만나고, 먹을 건 먹어야 합니다." 우리 경제의 실핏줄 '골목상권'을 지켜야 한다는 호소였다.

비상경제 점검 회의에 함께해 주신 여러분 감사합니다. 요즘 여러 가지로 바쁘실텐데 민생경제를 챙기는 것만큼 중요한 일이 없기 때문에 모두 함께해주셨다고 생각합니다. 많은 영역에서 많은 분들이 어려움을 겪고 있습니다. 힘내십시오. 그래도 우리가 힘을 내야 되지 않겠습니까? 요즘 "안녕하십니까?"라는 말 대신에 이렇게 말한다고 합니다. "힘내십시오." 저도 이런 이야기를 많이 듣는데 그러면 "여러분, 힘내십시오"라고 대답을 하기도 합니다.

주가 폭락, 환율 폭등 때문에 국민들의 상심이 너무 커서 잠도 잘 못 자는 상황입니다. 이제 다행히 시장이 조금 안정되긴 했지만, 여전히 살얼음판입니다. 지난 2년 반 동안 우리 경제는 지속 가능한 성장이 어려울 정도로 소비와 투자, 가설, 수출 등 전 분야에 걸쳐서 많은 어려움을 겪어왔습니다. 그런데 예상하지 못한 대통령의 계엄, 거기다 탄핵 무산까지 겹치면서 대한민국 경제가 벼랑 끝으로 내몰리고 있습니다.

연말 대목을 앞두고 행사와 회식이 줄줄이 취소되는 바람에 자영업자들이 피눈물을 흘리고 있다고 합니다. 요즘은 예약 취소 전화가 아닐까 싶어서 전화 받기가 무섭다고 합니다. 중소기업들은 불확실성 해소가 장기화될 경우에 투자자들이 모두 떠나가지 않을까 노심초사합니다. 방산 업체들까지 수출계약 차질을 빚고 있다고 합니다. 뛰는 원재료 값에 고환율까지 얹어져서 밥상물가까지 불안합니다.

국민의 어려움 앞에서는 여야가 있을 수 없습니다. 여야가, 그리고 정부가 힘을 합쳐서 지금의 위기를 잘 넘어가야 되겠습니다. 그리고 연말 회식, 행사를 취소하지 마시고 열심히 싸우면서도 이웃들과 좋은 한때를 보내야 되지 않겠습니까? 예약 취소율이 40퍼센트씩 된다고 하고, 자영업자 특히 동네 음식업체에 타격이 너무 크다고 합니다. 그래도 만날 건 만나고 먹을 건 먹고 그래야 되지 않겠습니까?

민주당이 제안한 '여·야·정 비상경제 점검 회의'가 아직 구성은 못 되었고, 우리끼리라도 일단 비상경제 점검을 시작하기 위해서 출범을 합니다. 기재부도 적극 참여하겠다고 합니다. 다행입니다. 아직 여당은 이야기가 없긴 한데 가급적이면 함께하기를 기대합니다. 우선 우리 당이 먼저 시작하고 빠를 시일 안에 정부와 여당이 함께하기를 기대합니다. 민주당은 엊그제도 기재위, 정무위 위원들께서 경제 상황과 자본시장 현안 대응을 위해서 한국은행과 한국거래소를 방문했습니다.

경제 상임위 중심으로 비상체제를 유지하면서 경제 상황을 면밀하게 살피고 또 대안을 마련해 나가겠습니다. 오직 국민만 바라보고 경제정책을 살펴보겠습니다. 모두가 아는 것처럼 불확실성이 경제에 있어서 최고의 위협 요소입니다. 우선 시급한 문제인 주식시장을 살리기 위해 그간 논란이 많았던 금투세를 폐지하고 가상자산 과세를 유예한 것도 같은 맥락이라는 말씀을 드립니다. 우리의 전략 자산이라 할 반도체 가격의 하락으로 수출도 차질이 빚어질 가능성이 높아지고 있습니다. 중소벤처기업들도 생존 기로에 놓여 있습니다. 이들에 대한 특별 자금 지원 방안도 살펴보겠습니다.

우리 앞에 많은 어려움이 있지만, 여전히 기회는 있습니다. 오늘 12월 14일 2차 탄핵 의결로 정치적 불확실성을 해소하는 것이 경제 회복의 가장 중요한 전제입니다. 온 세계가 의심의 눈초리로 대한민국을 주목하고 있습니다. 이를 계기로 정책 기조를 민생과 성장 중심으로 전환한다면 우리 경제는 놀라운 회복력을 발휘할 것입니다. 그리고 신성장동력을 마련해서 한국을 떠나려 하는 투자자들을 되돌리고, 한국이 여전히 잠재력이 크고 매력적인 투가 국가임을 보여드려야 합니다.

지금은 국란에 준하는 엄중한 시기입니다. 시간을 되돌릴 수 없는 만큼 지금부터는 어느 때보다 더 큰 책임과 민생, 경제를 되살린다는 각오로 함께 열심히 임하겠습니다.

비상경제 점검회의 모두 발언

2024년 12월 11일 오전 10시 30분 국회 본청 당대표회의실

빛의 혁명, 여러분이 해내셨습니다

"국민 여러분이 나라의 주인이고, 새로운 역사를 써 내려가고 있습니다."

2024년 12월 14일 드디어 윤석열 대통령 탄핵소추 안이 가결되었다. 재적의원 300명 전원이 참석한 가운데 찬성 204표 반대 85표, 기권 3표, 무효 8표였다. 국민들의 '빛의 혁명'으로 일궈낸 성과였다. 대한민국 민주주의의 건강함과 국민의 위대함을 전 세계에 보여준 역사적 사건이었다.

아직 1차전의 승리다. 고삐를 늦춰서는 안 된다. 이번 싸움의 가장 큰 분수령은 '윤석열 대통령의 파면'이다.

고생하신 국민 여러분께 사과와 다짐의 말씀을 드렸다. 지난 촛불혁명 이후 다시 찾아온 위기에 대한 사과와 국민주권이 일상적으로 관철되는 진정한 민주국가를 만들겠다는 다짐이었다. 정치는 정치인들이 하는 것 같아도 결국은 국민이 하는 것이다.

존경하는 국민 여러분, 여러분이 이 나라의 주인임을 증명하고 계십니다. 1차전의 승리를 축하드리고, 감사드립니다. 그러나 국민 여러분, 이제 겨우 작은 산 하나를 넘었을 뿐입니다. 우리 앞에 더 크고 험한 산이 기다리고 있습니다. 우리가 오늘 잠시 이렇게 우리의 승리를 자축하지만, 그들은 국민이 주인인 나라를 부정하고, 다시 자신들이 지배하는 나라로 되돌아가고자 끊임없이 획책하고 있습니다. 우리가 힘을 합쳐 그들의 반격을 막아내고, 궁극적인 승리를 향해 서로 손잡고 함께 나아가야 하지 않겠습니까?

과거의 역사 속에서도 그리고 우리의 근현대사에서도, 언제나 국가공동체를 위기에 빠뜨린 것은 기득권자들이었습니다. 의리에 빠진 나라를 구한 것은 언제나 흰옷 입은 그 어려운 국민들, 그리고 이 나라의 서민과 국민들 아니었습니까? 나라를 위기에서 구하는 것도 국민이었던 것처럼, 오늘의 이 위기를 이겨나가는 것도 이 자리에 함께하신 여러분과 이 장면을 지켜보고 계실, 노심초사하는 대한민국 국민들 아니겠습니까.

비록 우리가 충동적이고 우발적이고 부족한 그 특정인, 특정 세력에 의해서 이 고통의 순간을 견뎌내고 있지만, 우리 국민들은 아름다운 불빛으로 이 나라의 주인이 국민임을 이 나라 그 역사의 현장에 서 있지 않습니까. 우리는 이 자리에 있는 이 아름다운 미래를 향해서 새로운 나라를 위해서 희망 있는 세상을 위해서 함께 나아가고 끝내 이겨내야하지 않겠습니까.

국민 여러분이 해내신 것입니다. 국민 여러분께서 새로운 역사를 쓰고 계시는 것입니다. 전 세계에 없는 무혈 촛불혁명을 이뤄냈던 것처럼, 다시 빛의 혁명을 만들어내고 있습니다. 우리가 민주주의의 건강함을, 대한민국 국민이 얼마나 위대한가를 이번에 확실하게 전 세계에, 온 세상에 보여줍시다.

이제 또 큰 고개가 기다리고 있습니다. 그들은 포기하지 않습니다. 그들이 작은 이익을 위해 우리 대한민국 5,200만 국민을 고통과 환란에 빠뜨리고 있습니다. 양심이 있다면 이 대명천지에 그 어처구니없는 계엄령을 선포하지는 않았을 것입니다. 이제 다시 갈등과 대결이 시작될 것입니다. 여의도 안에서의 싸움이 현장의 충돌로 확장될 것입니다. 우리가 자중하고, 그러니 지금 이 순간 승리를 자축하며 헤어질 것이 아니라 신속하고 엄정한 책임, 윤석열에 대한 파면처분이 가장 빠른 시간 내에 이뤄질 수 있도록, 우리가 계속 함께 싸워야 하지 않겠습니까.

마지막으로 국민 여러분께 사과의 말씀과 다짐의 말씀

을 드리겠습니다. 지난 촛불혁명으로 세상이 바뀌는 줄 알았는데, 권력은 바뀌었지만 왜 '나'의 삶은 바뀐 게 없느냐. 이 사회는 왜 바꾸지 않았느냐. 그렇게 질타하신 분들을, 그 많은 국민들의 따가운 질책을 기억하고 있습니다.

이제는 새로운 민주주의, 국민이 직접 참여하는, 현장의 민의 같은 민주주의를 시작해 봅시다. 여러분이 국민의 한 사람으로서, 이 나라 대한민국의 주인으로서 무엇을 원하는지. 어떤 세상을 바라는지를 말씀하시고, 그것이 일상적으로 정치에 관철되는 그런 나라, 새로운 나라, 함께 만들어야 하지 않겠습니까.

정치는 정치인들이 하는 것 같아도 결국은 국민이 하는 것입니다. 국민의 충직한 도구로서 국민의 명령을 충실하게 이행하는 머슴으로서 국민의 주권 의지가 일상적으로 관철되는 진정한 민주국가, 민주공화국 대한민국을 함께 만들어 가겠습니다.

윤석열 탄핵안 가결에 대한 입장

2024년 12월 14일 오후 6시 국회 앞 범국민 촛불대회

탄핵 의결 다음 날, 국정과 외교를 챙기다

마키아벨리는 "이 세상 모든 의미 있는 일들은 위험 속에서 이루어졌다"라고 말했다. 오늘의 위기가 내일의 위대한 대한민국을 만드는 밑거름이 될 것이다. 국민의 열정이 대한민국의 새로운 역사를 만들 것이다. 이제 겨우 한고비를 넘겼다. 위기는 곳곳에 도사리고 있다. 대형 산불이 일어나면 눈에 안 보이는 잔불까지 꺼야 비로소 안심할 수 있다.

2024년 12월 15일 기자회견에서 국정 정상화를 위한 초당적 협력체, 국회와 정부가 함께하는 '국정안정협의체' 구성을 제안했다. 사라진 연말 특수, 멈춰 선 국민의 일상을 한시라도 빨리 회복시켜 대한민국이 정상화되도록 총력을 기울여야 한다는 메시지를 강조했다. 여야 가릴 것 없이 모든 정당들이 국정 안정과 국제 신뢰 회복을 위해 적극 협력해야 한다고 호소했다. 파고가 높지만, 일시적인 위기다. 수습이 빠르면 안정도 빠르다.

존경하는 국민 여러분, 이제 국회는 헌법 제65조에 따라 찬성 204표로 윤석열 대통령 탄핵소추안을 통과시켰습니다.

생업도 포기하고 광장으로 나온 국민 여러분, 그리고 아이의 손을 잡고 역사의 한 장면에 동참한 여러분, 세대와 성별의 구분 없이 '민주주의'를 외친 여러분, 그런 여러분이 계셨기에 가능했습니다. 고맙습니다. 국민과 역사를 거역하라는 당론에도 불구하고, 용기 있게 국민과 정의의 편에 서 주신 일부 국민의힘 국회의원들께도 감사의 뜻을 전합니다.

마키아벨리는 "이 세상 모든 의미 있는 일들은 위험 속에서 이루어졌다"라고 말했습니다. 오늘 우리가 처한 위기는 내일의 위대한 대한민국을 만들게 될 것입니다. 뜨거운 대한민국의 열정이 대한민국의 새로운 역사를 만들 것입니다. 촛불혁명에 이은 "빛의 혁명"은 민주주의의 강한 회복력과 대한국민의 위대함을 세계만방에 알릴 것입니다.

이제 겨우 한고비 넘겼습니다. 위기는 끝나지 않았습니다. 우리가 해결해야 될 과제는 산더미입니다. 연말 특수는 사라졌고, 국민의 일상은 멈추었습니다. 불확실성 때문에 증폭된 금융시장의 위험은 현재진행형입니다. 외교 공백으로 국제사회의 신뢰도 떨어졌습니다. 내란 동원으로 국방과 안보는 심각한 타격을 입었습니다. 대한민국 정상화가 시급합니다.

국정 정상화를 위한 초당적 협력체, 국회와 정부가 함께하는 '국정안정협의체' 구성을 제안드립니다. 우리 민주당은 모든 정당과 함께 국정 안정과 국제 신뢰 회복을 위해 적극 협력할 것입니다. 국회와 정부가 대한민국 전반에 불어닥친 위기를 조속히 매듭지을 수 있게 하겠습니다. 지금 위기는 근본적, 구조적인 것이 아닙니다. 도도한 강물 위의 풍랑처럼 표면적이고 일시적인 것입니다. 이 위기는 반드시 극복되어야 하고, 지금까지 그래왔던 것처럼 또 극복해낼 것입니다. 우리 국민은 불안을 희망으로 만들 역량을 가지고 있습니다. 안정된 시장경제 시스템과 경제 펀더멘털을 갖춘 우리는 충분한 회복력을 갖추고 있습니다.

세계 10위권 경제력을 일궈온 대한민국의 시장경제 시스템과 경제 당국의 역량은 충분합니다. 금융·외환 관리 당국은 24시간 모니터링 체계를 빈틈없이 가동시켜 주십시오. 어느 때보다 정부의 능동적이고 적극적인 역할이 필요합니다. 국회 제1당인 우리 민주당도 시장 안정화, 투자 보호조치 등 경제 불안을 해소라기 위한 초당적 협력을 아끼지 않겠습니다. 우리 기술과 산업을 지키고, 성장동력을 키우는 산업정책과 통상외교 전략을 전방위로 뒷받침하겠습니다. 침체된 민생경제에 물꼬를 틔우고, 민생경제 회복을 위한 입법도 빈틈없이 해나가겠습니다.

혼란스러운 외교·안보의 공백을 메워야 합니다. 중단된 국제사회와의 대화와 협력을 복원할 수 있는 다각적 노력이 필요합니다. 한미동맹은 굳건히 지켜질 것이고, 더욱 확장 발전될 것입니다. 자유민주 진영의 도움으로 오늘의 대한민국을 만들어냈던 것처럼, 우리는 자유민주 진영의 일원으로서 책임과 역할을 충실하게 해낼 것입니다. 동북아 안정과 세계평화를 위한 한반도 주변국과의 협력관계도 변함이 없는 것입니다. 정부와 국회는 함께 '한반도 평화정착'이라는 대한민국 외교·안보의 기본을 반드시 지켜내야 합니다.

국민 여러분, 우리는 '대한민국 수호'를 위해 모두 광장으로 나왔습니다. 대한민국의 헌법을 지키기 위해, 힘을 잃었던 '자유, 평등, 평화, 연대'의 가치를 바로 세우기 위해 우리는 힘을 모았습니다. 단결된 국민 앞에 반민주적 폭거는 힘을 잃었고, 대한민국은 다시 앞으로 나아갈 수 있게 되었습니다. 광장에서 외친 민주공화정의 가치가 새로운 시대를 열어갈 힘이 되었습니다. 이제 민주주의의 거대한 방벽으로 대한민국에 불어닥친 '위기의 바람'을 멈춰 세우겠습니다.

헌법재판소는 윤석열 대통령의 파면 절차를 신속하게 진행해 주시기 바랍니다. 그것만이 국가의 혼란과 국민의 고통을 최소화할 유일한 방법입니다. 어처구니없는 이번 사태의 책임을 묻고 재발을 막기 위해서 진상 규명과 책임 추궁도 분명해야 합니다. 공보수사본부 등 수사기관은 신속하고 엄정한 수사로 진실을 밝혀주십시오, 진상 규명을 위해 신속한 특검의 출발이 필요합니다. 내란 관련 기관과 가담자들을 수사에 적극 협조해야 합니다. 온 국민이 지켜보고 있다는 사실을 잊지 마십시오. 민주당은 '국정 안정ㆍ내란극복 특별위원회'를 출범시켜서 이 혼란을 수습하고, 대한민국 회복을 위해 총력을 다할 것입니다.

존경하는 국민 여러분, 민주당은 바위처럼 흔들림 없이 할 일을 해나겠습니다. 국민의 손상된 자부심과 상처를 치유하는 데 최선을 다하겠습니다. 길을 잃었던 정치는 국민을 향한 정치로 다시 태어날 것입니다. 잃어버렸던 소중한 가치들은 대한민국의 이름으로 다시 빛나게 될 것입니다. 국민과 함께 만들어가는 오늘이 새로운 화합의 출발이 될 것입니다. 우리가 가는 길이 대한민국의 미래가 될 것입니다.

대한민국은 민주공화국입니다. 국민이 곧 국가입니다. 우리 대한민국은 하나입니다. 고맙습니다.

국정안정협의체 제안 기자회견 모두발언
2024년 12월 15일 오전 11시 국회 본청 당대표회의실

내 인생은 공공재가 되었다

나는 우리 국민의 위대함을 믿는다. '결국 정치는 국민이 하는 것'이라는 말을 늘 가슴에 새기고 있다. 나는 주요 연설 때마다 이 말을 했다.

"정치는 정치인들이 하는 것 같아도 결국은 국민이 하는 것입니다."

이것은 내 스스로에게 거는 주문이기도 하다. 이런 믿음이 없었다면, 가혹하고 엄혹한 현실을 견디기 어려웠을 것이다. 실제로도 국민은 위대하고, 역사는 사필귀정으로 진행되어왔다. 그렇지 않다면, 그런 믿음

이 없었다면 어떻게 내가 이 참혹한 세월을 견디며 살아왔겠는가. 나는 많은 국민들께서 이재명이란 정치인에게 거는 기대와 희망을 잘 알고 있다. 그래서 늘 감사드린다. 물론 그러한 사랑이 중압감으로 다가오는 것도 사실이다. 어느 순간, 내 삶 자체가 내 개인의 인생이 아니라 일종의 공공재산이 되었다는 생각을 한다. 그만큼 책임감도 커진다. 그렇지만 짧은 인생을 사는데, 국민들로부터 그런 큰 기대를 받는 것도 영광 아니겠는가.

겨울이 정말 깊을 때 사람들은 힘들어한다. 그 추위를 못 견디는 경우도 있지만, 인내를 갖고 기다리다 보면 결국 봄이 온다. 그것이 자연의 이치다. 사람도 자연의 일부다. 노무현 전 대통령께서도 마지막으로 남긴 글에서 "삶과 죽음이 모두 자연의 한 조각 아니겠는가"라고 하지 않으셨던가. 인생도 자연의 일부이기 때문에 결국 제자리를 찾아가게 되어 있다.

결국 봄은 온다. 결국 국민이 한다. 나는 그렇다고 믿는다. 우리 역사를 살펴봐도, 독재정권이 아무리 폭압통치를 해도 결국 국민들이 극복하고 이겨냈다. 12·3 내란도 국민이 이겨냈다.

숲은 단 하나의 나무로 이뤄지지 않는다

한여름 벌판이 아름다운 까닭은 다양한 꽃들이 함께 어우러져 있기 때문이다. 오래된 성벽이 튼튼한 까닭은 다양한 돌들이 서로 기대어 지탱하기 때문이다. 단음으로는 화음을 만들 수 없고, 여러 소리가 모여야 비로소 아름다운 화음의 심포니가 완성된다.

일찍이 영국의 작가 E.M.포스터는 "우리는 민주주의를 두 가지 이유로 환호한다. 하나는 그것이 다양성을 허락하기 때문이고, 다른 하나는 비판을 허용하기 때문이다."라고 했다. 전적으로 동의한다. 다양성과 비판은 현대 정당의, 우리 민주당의 생명과 같은 원칙이다.

김경수 전 경남도지사는 2024년 8월에 복권되고, 2025년 2월 민주당에 복당했다. 김 전 지사가 복권되었을 당시 일부 언론에서는 '야당을 갈라치기로 하려는 게 아니냐'는 식으로 평했다. 나는 페이스북에 '김 전 지사의 복권을 환영한다. 함께 열심히 하자'는 취지의 글을 남겼다.

'야당 갈라치기'라는 건 상대편의 소망일지는 모르겠지만, 나는 김 전 지사의 복권과 복당이 우리 민주 진영을 강화하는 콘크리트로 작용할 것이라고 본다. 자갈만 모으면 자갈더미고, 모래만 모으면 모래더미다. 그러나 모래와 자갈과 물과 시멘트가 섞이면 콘크리트라는 강력한 시너지가 생긴다.

사실 나도 걱정되는 측면이 있다. '이재명 단일 체제'라고 비판받을 정도로 한쪽으로 몰리는 게 아닌가 하는 걱정이다. 숲은 우거질수록 좋다. 숲에 고목 하나만 있으면 위험하다. 번개를 맞으면 어떡하나. 숲이 우거질수록 좋듯이 민주정당도 선의의 경쟁이 많을수록 좋다. 우리는 민주 진영이 이기는 것이 중요하다. 대표 인물이 누구냐는 그다음의 문제다.

물론 내가 되면 더 좋겠지만, 그 욕망 때문에 우리 진영이 이길 가능성을 낮추는 바보짓을 할 정도로 어리석지 않다. 온 국민의 삶, 대한민국의 운명을 앞에 놓고 어떻게 개인의 욕심을 앞세우겠는가. 서로 마음을 내려놓고, 민주 진영 전체가 이기는 길을 찾아야 된다. 그래서 나는 김경수 전 지사의 복권과 복당을 진심으로 바라고 희망해왔다.

나는 늘 위기 속에서 기회를 만들면서 살아왔다. 그런 탓인지 나는 위기를 맞닥뜨리면 거기에 어떤 기회가 숨어 있을까를 고민하고 찾으려고 노력한다. 오히려 기회가 숨어 있을까를 고민하고 찾으려고 노력한다. 오히려 기회가 찾아오면 자꾸 걱정이 된다. 저 기회 안에 어떤 위기가 들어 있을까 고민하기 때문이다. 위기 속에서 위험요소를 잘 제거하면 좋은 기회가 된다.

외부에서 우리를 갈라치기 하려는 시도나 공격을 하면, 그것을 기회로 활용해서 우리의 판을 키우면 된다. 가장 드라마틱했던 2002년 대통령선거 때 당시 정치인 노무현의 진면목을 보여준 장면 가운데 하나가 그랬다. 정몽준과의 단일화 여론조사에서 본인이 불리한 것을 알면서도 군소리 없이 받아들였고, 국민의 선택을 받았다.

결국, 정치는 국민이 하는 것이다. 정치인은 국민을 믿고, 국민의 신뢰를 얻기 위해서 부단히 노력해야 한다. 그러한 결과로 저 사람이 국민과 국가를 위해서 더 일을 잘하겠다는 판단이 들게 해야 한다. 정치기술로 알량한 테크닉을 부려서 현혹하려고 하면 안 된다. 김경수 전 지사처럼 경쟁력 있는 분들이 더 많이 모여 민주당이 풍성한 숲을 이루면 좋겠다.

나는 2024년 4월 총선 전부터 조국혁신당이 민주당의 부족하고 잘 못 하는 부분을 채워서 우리 민주 진영의 지평을 넓힐 것이라고 기대했다. 그리고 총선에서 실제로 그러한 결과를 낳았다. 민주당과 조국혁신당은 앞으로의 관계에서도 협력할 점은 협력하고 선의의 경쟁을 하면서 전체 민주 진영의 판을 키워났으면 하는 바람이다.

2024년 총선에서 민주당을 지지하지 않고 떠났던 분들 가운데 조국혁신당을 지지한 분들도 적지 않았다, 그런 다양한 선택을 통해 차선책을 선택하고, 서로 협력해 나간다면 충분히 시너지가 있다고 본다. 22대 총선에서 진짜 고심 끝에 준(準) 연동형 비례대표제를 수용했다. 민주당이 한 석이라 더 얻으려고 욕심을 부렸다면, 다른 선택을 했을 것이다. 그렇게 탄생한 조국혁신당은 민주당의 우당友黨으로 진보·개혁 진영의 지평을 넓히는 데 기여하고 있다.

배제의 정치는 오래 못 간다고 생각한다. 대한민국에서 이른바 변화를 바라는 진보·개혁 진영은 구조적으로 소수일 수밖에 없다. 이 사회에서 기득권 그룹과 기득권이 아닌 그룹이 경쟁하면. 비기득권 그룹의 힘이 약할 수밖에 없다. 숫자가 낳더라도 분할 시배를 당할 수 있다. 그렇기 때문에 힘을 모아야 하고, 안간힘을 써서 일내일 구도로 만들어야 한다.

다양한 목소리가 공존하고 활발한 토론이 이루어질 때 창의성과 역동성이 살아난다. 우리는 그 힘으로 생산적 통합, 발전적 성장의 꿈으로 나아갈 수 있다. 우리 민주당이 다양한 줄, 나무가 자라는 건강한 숲이면 좋겠다.

한목소리만 나오지 않도록 오히려 다른 목소리를 권장하면 좋겠다. 우리 안의 다른 의견을 배격하면서 내부 다툼이 격화되면 누가 가장 좋아하겠는가. 우리는 대한민국 역사에 기록될 항전을 치르고 있다. 반(反)헌정 세력과 싸워 반드시 승리해야 한다. 저 극단과 이단들로부터 대한민국을 지키고 헌정질서를 회복하는 것보다 시급한 일은 없다.

내부의 차이를 확인하는 것보다 민생을 살리고, 경제를 살리고, 안보를 살리고, 민주주의를 살리는 것이 더 중요하다. 필승을 위한 강철검이 필요한 지금, 다양한 원소가 결합할 때 강력한 합금이 만들어진다는 지혜를 잊지 말아야 하겠다.

우리는 반드시 승리할 것이다. 그리고 그 끝에 대한민국의 융성이 기다리고 있음을 믿는다. 한 가지 꽃이 아니라 수많은 꽃이 흐드러지게 피는 '백합제방'을 함께 꿈꿨으면 좋겠다. 그날까지 작은 차이로 싸우는 일은 멈추고 총구는 밖으로 향했으면 한다. 나 또한 여러 지적을 겸허히 수용하며 함께 이기는 길을 찾기 위해 노력할 것이다.

역사적 대전환점에 서다

2025년 대한민국은 역사적 대전환점에 서 있다. 우리는 초과학기술 신문명이 불러올 사회적 위기를 보편적 기본 사회로 대비해야 한다. 주거, 금융, 교육, 의료, 공공서비스 같은 모든 영역에서 국민의 기본적 삶을 우리 공동체가 함께 책임짐으로써 미래 불안을 줄이고 지속 성장의 길을 열어가야 한다.

이 과제들을 해결하려면 '회복과 성장'이 전제되어야 한다. 희망을 만들고, 갈등과 대립을 완화하려면, 둥지를 넓히고 파이를 키워야 한다. 회복과 성장은 더 나은 내일을 위한 필요조건이다. 새로운 성장동력을 만들고, 성장의 기회와 결과를 함께 나누는 '공정 성장'이 바로 더 나은 세상의 문을 열 것이다. 새롭고 공정한 성장동력을 통해 양극화와 불평등을 완화해야만 '함께 잘 사는 세상'으로 들어갈 수 있다.

그래서 나는 2025년 국회 교섭단체 대표연설을 준비하면서 심혈을 기울였다. 새로운 사업 부흥 전략을 A(AI 첨단기술 산업)부터 F(Factory 제조업 부활)까지 제시하면서 연설 제목을 '회복과 성장, 다시 대한민국'으로 정했다. 성장해야 나눌 수 있다. 더 성장해야 격차도 더 줄일 수 있다. 나는 이 대표연설에서 나의 당력과 나의 능력을 총동원해 '회복과 성장'을 주도하겠다고 다짐했다.

대한민국은 지금 유례없는 위기, 역사적 대전환점에 서

있습니다. 식민지에서 해방되어 유일하게 산업화와 민주화에 성공한 나라, 세계 10위의 경제력, 세계 5위의 군사력을 자랑하며 K 컬처로 세계문화를 선도하던 문화 강국, 이 자랑스러운 대한민국에서 예측조차 망상으로 치부될 만큼 비상계엄을 상상조차 불가능한 일이었습니다.

그런데 하늘이 놀라고 땅이 진동할 '대통령의 친위 군사쿠데타'가 현실이 되었습니다. 국민과 국회에 의해서 주동 세력은 제압되었지만, 내란 잔당들의 폭동과 저항이 두 달 넘게 계속되며 대한민국의 모든 성취가 일거에 물거품이 될 위기에 처했습니다.

권력욕에 의한 친위 군사쿠데타는 온 국민이 피로 쟁취한 민주주의와 헌법 질서를 송두리째 파괴 중입니다. '군의 정치적 중립 보장' '헌정질서 파괴와 기본권 제한 금지'라는 1987년의 역사적 합의를 한 줌 티끌로 만들고 있습니다. 세계가 인정하던 민주주의, 경제·문화·국방 강국의 위상은 무너지고 일순간에 '눈떠 보니 후진국'으로 전락했습니다.

안 그래도 힘겨운 국민의 삶은 벼랑 끝에 내몰렸습니다. 외신의 아픈 지적처럼 "계엄의 경제적 대가를 5,200만 국민이 두고두고 할부로 갚게" 되었습니다. 수십조, 수백조 원의 직접 피해는 물론이고, 신뢰 상실, 국격 훼손 같은 계산조차 불가능한 엄청난 피해가 발생했습니다.

무엇보다 큰 상처는, 언제 내전이 벌어져도 이상할 게
없는 '극단주의'가 우리 사회에 광범하게 배태(胚胎) 되었다
는 사실입니다. 헌법재판소, 법원, 선거관리위원회까지 헌
법기관에 대한 근거 없는 불신과 폭력이 난무합니다. 자유
민주적 기본질서라는 헌법 원리를 부정하는 '반헌법, 헌정
파괴 세력'이 현실의 전면에 등장했습니다.

존경하고 사랑하는 국민 여러분, 그럼에도 불구하고 저
와 수없이 많은 동료들은 확신합니다. 국민의 삶과 국가의
미래를 망치고, 비루한 사익과 권력을 좇던 '헌정파괴 세
력'이 여전히 반락과 퇴행을 계속 중이지만, 우리의 강한
민주주의는 이 어둠과 혼란을 걷어내고 더 밝은 미래와 더
활기찬 희망을 만들어낼 것으로 확신합니다.

산이 높을수록 바람은 디 세지만 더 높이 올리야 더 멀
리 볼 수 있습니다. 군사정권을 통한 영구집권 시도, 어처
구니없는 친위 군사쿠데타가 세계를 경악시켰지만, 이제
그들은 대한민국 민주 공화정의 회복력과 대한민국의 저
력에 다시 놀라게 될 것입니다. 우리의 민주주의는 서슬
퍼런 권력에 온몸으로 맞선 국민의 의지를 모아 전진해왔
습니다. 5000년 한반도 역사에서 위기를 만든 것은 언제

나 무책임하고 무능한 기득권들이었지만 그 위기를 이겨내고 새길 열어낸 것은 언제나 깨어 있는 국민들이었습니다.

더불어민주당은 민주 공화정의 가치를 존중하는 모든 사람들과 함께 '헌정수호연대'를 구성하고, '헌정파괴 세력'에 맞서 끝까지 싸워 이기겠습니다. 국민과 함께 무너진 국격과 신뢰, 경제와 민생, 평화와 민주주를 회복하겠습니다. 국민들께 희망의 길을 제시하고 새로운 성장동력을 만들며 공정한 성장으로 격차 완화와 지속 성장의 길을 열어가겠습니다.

1980년 불의한 권력이 철수한 찰나의 광주에서 우리 모두가 꾸었던 꿈, 함께 사는 '대동 세상'의 꿈은 2016년 촛불혁명을 지나 2024년 '빛의 혁명'으로 이어지고 있습니다. 1984년 우금치 고개를 넘지 못한 동학농민군의 꿈은 2024년 마침내 남태령을 넘었습니다.

지금 이 순간에도 광장을 물들이는 '오색 빛들'의 외침은 우리를 다시 만날 새로운 세계, 더 나은 세상으로 이끌고 있습니다. 세계사에 유례없는 최악의 출생률과 자살률, 희망이 사라지고, 삶을 포기할 만큼 처절한 현실을 이제는 바꿔야 한다고 외치고 있습니다. 모두가 함께 잘 사는 세상, 다시 희망이 펄떡이는 나라, 모든 국민의 자본적 삶이 보장되는 '기본이 튼튼한 나라'를 가리키고 있습니다.

'회복과 성장'이 지금 절실한 까닭

안타깝게도 우리 경제가 1퍼센트대 저성장에 들어섰습니다.

자칫 역성장까지 우려되는 상황입니다. 기회와 자원의 불평등이 심화되고, 격차와 양극화가 성장을 막는 악순환이 지속되고 있습니다. 저성장으로 기회가 줄어들다 보니, 경쟁 대신 전쟁만 남았습니다. 〈오징어 게임〉의 주인공처럼, 사회적 약자가 된 청년들은 협력과 공존이 아닌 상대를 죽여야 하는 극한경쟁에 내몰리고 있습니다. 경쟁 탈락이 곧 죽음인 사회가 서고 죽이자는 극단주의를 낳았습니다. 국가소멸 위기를 불어온 저출산은 불안할 미래와 절망이 잉태한 것입니다. 공동체의 존망이 걸린 출생과 양육은 이제 부모들이 아닌 우리 공동체 모두의 책임이 되어야 합니다.

AI(인공지능)로 상징되는 첨단기술 시대는 전통적인 노동개념 복지 시스템을 근본으로 뒤바꿀 것입니다. AI와 신기술로 생산성이 높아지는 대신, 노동의 역할과 몫의 축소는 필연입니다. AI와 첨단기술에 의한 생산성 향상은 '노동시간 단축'으로 이어져야 합니다. 창의와 자율이 핵심인 첨단과학기술로 승부하는 시대는 갔습니다. 노동시간 연장과 노동 착취로는 치열한 국제경쟁에서 생존조차 할 수 없습니다.

우리는 OECD 국가 중 장시간 노동 5위로 OECD 평균(1752시간)보다 한 달 이상(149시간) 더 일하고 있습니다.(2022년 기준) 창의와 자율의 첨단기술 사회로 가려면 노동시간을 줄이고 주4.5일제를 거쳐 주 4일 근무 국가로 나아가야 합니다. 특별한 필요 때문에 불가피하게 특정 영역의 노동시간을 유연화하더라도 그것이 총노동시간 연장이나 노동 대가 회피수단이 되면 안 됩니다.

대한민국이 주 52시간 근무제로 정하고 있습니다. 곱하기 연 54주 하면 2800시간입니다. 그런데 OECD 평균 노동시간이 1700시간대 아닙니까. 지금 3000시간 넘겨 일하자는 거 아니잖습니까. 그러면 유연화를 하더라도 총노동시간을 늘리자는 소리를 누가 하겠습니까. 삼성도 그렇게 하지 않겠다고 하지 않습니까. 원하는 것은 유연화하자는 것이지, 총노동시간을 늘리는 것이 아니라고 말하고 있습니다. 그리고 노동시간을 늘리지 않고 유연화하되 노동의 강도가 올라가면, 즉 시야 노동을 하거나, 주만 노동을 하거나. 연장 노동을 하면 그에 따른 상응한 대가를 지불

하겠다고 하지 않습니까. 노동 착취로 어떻게 국제경쟁을 하겠습니까.

설마 최첨단기술 가지고 전 세계 세계적 기업들과 경쟁하겠다는 첨단산업 기업들이 노동 착취하고, 노동시간 늘려서 경쟁하겠다는, 그런 말을 하는 것이 아닐 겁니다. 첨단기술 분야에서 '장시간 노동, 노동 착취로 국제경쟁을 활보하겠다'는 말은 그 자체가 형용모순이라는 말씀을 드립니다. 국민의힘 의원님 여러분, 이해하시겠습니까.

누구나 일할 수 있음을 전제로 예외적 탈락자만 구제하는 현재의 복지제도는 인공지능과 로봇이 생산의 주축이 되는 첨단기술 사회에서는 그 한계가 매우 뚜렷할 것입니다. 이제 우리는 초과학기술 신문명이 불러올 사회적 위기를 보편적 기본사회로 대비해야 합니다. 주거, 금융, 교육, 의료, 공공서비스 같은 삶의 모든 영역에서 국민의 기본적 삶을 우리 공동체가 함께 책임짐으로써 미래 불안을 줄이고 지속 성장의 길을 열어가야 합니다.

이 과제들을 해결하려면 '회복과 성장'이 전제되어야 합니다. 희망을 만들고, 갈등과 대립을 완화하려며, 둥지를 넓히고 파이를 키워야 합니다. 회복과 성장은 더 나은 내

일을 위할 필요조건입니다. 새로운 성장동력을 만들고, 성장의 기회와 결과를 함께 나누는 '공정 성장'이 바로 더 나은 세상의 문을 열 것입니다. 새롭고 공정한 성장동력을 통해 양극화와 불평등을 완화해야만 '함께 잘 사는 세상'으로 들어갈 수 있습니다.

성장해야 나눌 수 있습니다. 더 성장해야 격차도 더 줄일 수 있습니다. 국민의 기본적 삶을 기본권으로 보장하는 나라, 두툼한 사회안전망이 지켜주는 나라여야 혁신의 용기도 새로운 성장도 가능할 것입니다. 당력을 총동원해 '회복과 성장'을 주도하겠습니다. '기본사회를 위한 회복과 성장 위원회'를 설치하겠습니다.

먹사니즘과 잘사니즘

사랑하는 그리고 존경하는 국민 여러분, 제가 이 자리에서 '먹사니즘'과 모두가 함께 잘 사는 세상 '잘사니즘'의 비전을 제시하는 이유가 있습니다. 우리가 만들어 갈 변화는 너무 크고 막중하여 모두의 지혜를 모아야 합니다. 대립과 갈등을 넘어 힘을 모아야 합니다. 국민의힘 의원님들도 함께해야 하지 않겠습니까. 우리 앞의 난제들을 피하지 맙시다. 쟁점과 논란에 정면으로 부딪쳐 소통과 토론을 통해 해결책을 만들고, 그 성과로 삶과 미래를 바꿔나갑시다.

정치가 앞장서 합리적인 균형점을 찾아내고 모두가 행복한 삶을 꿈꿀 수 있는 진정한 사회 대개혁의 완성, 그것이 바로 '잘사니즘'의 핵심입니다. 새로운 세상, 더 나은 사회를 위해서는 충돌하는 이해를 조정해야 합니다. 실제로 존재하는 갈등을 피하지 말고, 대화하고 조정하며 타협해야 합니다. 공론화를 통해 사회적 대타협을 한번 해봅시다.

성장과 분배는 상호모순이 아닌 상호보완 관계인 것처럼, 기업 발전과 노동권 보호는 양자택일 관계가 아닙니다. 일자리가 유일한 복지이고, 사회안전망은 턱없이 부실한 현실에서 기업은 경쟁력을 위해 '노동 유연성'을 요구하지만, 노동자들은 '해고는 죽음이다'를 외칩니다. 고용 경직성을 피해서 비정규직만 뽑다 보니, 생산성 향상에도 한계가 있고, 노동시장의 이중구조는 점점 더 악화되는 악순환입니다. 많은 시간과 노력이 필요하겠지만, 대화와 신뢰 축적을 통해서 기업의 부담을 늘리고, 국가의 사회안전망을 확충하고, 노동 유연성을 확대해서 안정적 고용을 확대하는 선순환의 '사회적 대타협'을 반드시 이뤄내야 합니다.

새 시대를 대비한 노동시간 단축, 저출산과 고령화, 생산가능인구 감소에 대비하려면 '정년 연장'도 본격적으로 논의해야 합니다. 연금개혁처럼 당장 할 수 있는 것들도 있습니다. 만시지탄이지만 국민의힘 측에서 모수개혁(보험료율, 소득대체율 개편)을 먼저 하겠다는 뜻을 밝혀주신 것으로 압니다. 더 이상 불가능한 조건 붙이지 말고, 시급한 모수 개혁부터 매듭지으면 좋겠습니다. 보험료율 13퍼센트는 이견이 없는 것으로 압니다. 그리고 국민의힘이 제시하신 소득대체율 44퍼센트는 우리 민주당의 최종안 45퍼센트와 1퍼센트 간극에 불과합니다. 당장 합의 가능한 부분부터 개혁의 물꼬를 틔워봅시다.

경제를 살리는데 이념이 무슨 소용입니까. 민생 살리는데 색깔이 무슨 의미입니까. 진보정책이든 보수정책이든 유용한 처방이라면 총동원합시다. 함께 잘 사는 세상을 위해서 유용하다면 어떤 정책도 수용하겠습니다. 먹고사는 문제를 해결하는 '먹사니즘'을 포함하여 모두가 함께 잘 사는 '잘사니즘'을 새로운 비전으로 제시하고 싶습니다.

직접민주주의의 강화, 국회의원 국민소환제

존경하는 국민 여러분, 그리고 국민의힘 국회의원 여러분, '스스로 변하지 못하는 민주당이 대한민국을 변화시킬 수 있느냐'라는 국민들의 질문에 우리도 성찰을 거듭하겠습니다.

우리 더불어민주당이 겹겹이 쌓인 국민의 실망과 분노를 희망과 열정으로 온전히 바꿔내지 못했습니다. 살을 에는 추위를 견디며 무능하고 부패한 권력자들을 몰아냈지만, 권력의 색깔만 바뀌었을 뿐 '내 삶이나 사회는 변하지 않았다'는 질책을 겸허하게 받아들입니다. 맨몸으로 장갑차를 가로막고 총과 폭탄을 든 계엄군과 맞서 싸우며 다음은 과연 더 나은 세상일 것이냐는 질문에 더 진지하게 응답하겠습니다.

국민의 주권 의지가 일상적으로 국정에 반영되도록 직접민주주의를 강화하겠습니다. 색색의 응원봉이 경쾌한 '떼창'과 함께 헌정파괴와 역사 퇴행을 막아내는 그 현장에서 주권자들은 이미 우리가 만들 '더 나은 세상'을 보여주셨습니다.

정치란 정치인들이 하는 것 같아도 사실은 다 국민이 하는 것입니다. 민주당이 주권자의 충직한 도구로 거듭나서 꺼지지 않는 '빛의 혁명'을 완수해가겠습니다. 국민이 나라의 주인으로 책임지고 행동한 그 소중한 경험을 토대로, 국민이 행복한 나라를 만드는 우리 공복들의 사명을 새기면서 '민주적 공화국'의 문을 활짝 열어가겠습니다. 그 첫

조치로 '국회의원 국민소환제'를 도입하도록 해보겠습니다.

회복과 성장을 위해 가장 시급한 일은 민생경제를 살릴 응급 처방, 바로 추경입니다. 한국은행이 성장률을 두 달 만에 또 하향 조정했습니다. 계엄 충격으로 실질 GDP 6조 원 이상이 증발했다고 합니다. 그리고 한 달 만에 외국인 투자자금 5조 7000억 원이 빠져나갔습니다. 정부는 재정 확대를 통한 경기 회복의 골든타임을 놓치지 말아야 합니다. 민생과 경제 회복을 위해 최소 30조 원 규모의 추경을 제안드립니다.

상생소비쿠폰, 소상공인 손해 보상, 지역 화폐 지원이 필요합니다. 공공주택과 지방 SOC(사회간접자본), 고교 무상교육 국비 지원, 그리고 인공지능, 반도체 등 미래 산업을 위한 투가 투자도 꼭 필요합니다. 이미 말씀드린 것처럼, 추경 편성에 꼭 필요하다면 특정 항목을 굳이 고집하지 않겠습니다.

새로운 산업 부흥 전략 A ~ F

A: AI 중심 첨단기술 산업 육성

박정희 시대 경부고속도로 건설은 산업화의 초석이었습니다. 김대중 시대의 초고속 인터넷망 등 ICT(정보통신

기술)산업 발전의 토대였습니다. 비록 우리가 잠시 뒤처졌지만, AI 산업에는 후발주자도 기회가 있다는 것을 딥시크(DeepSeek, 중국의 AI 서비스)가 확실하게 보여줬습니다.

인공지능혁명을 위한 정부의 강력한 드라이브가 필요합니다. 우선 국가 AI 데이터센터를 만들어야 합니다, 10만 장 이상의 AI 반도체 GPU를 가진, AI 데이터센터로 AI 산업을 지원합시다. 연구자, 개발자, 창업기업 누구나 쉽게 활용할 수 있는 인공지능 인프라를 구축하면 인공지능을 활용한 다양한 산업들이 발전할 것입니다. 수준 높고 다양한 교육프로그램을 갖춘 AI 부트캠프(전문인력 집중 양성기관)를 만들고, AI 기술 인력을 10만 명까지 양성해서 인공지능산업을 전략 산업으로 키워야 합니다. 과학기술이 국가의 미래입니다. 미래를 주도할 과학기술에 대한 관심과 지원이 대폭 강화되어야 합니다.

B: Bio 바이오산업 생태계 조성

현재 10위 국내 기업 중 2개가 바이오 기업입니다. 앞으로 5대 바이오 글로벌 경쟁력을 보유하기 위한 국가투자가 필요합니다. 인천과 충청권 등 권역별 특화발전 전략으로 R&D 및 금융지원, 바이오특화 펀드 등 투자생태계

구축, 관련 의학자 등 전문인력 양성을 통해 바이오산업 생태계를 만들어 갑시다.

C: Contents & Culture 문화콘텐츠의 힘

"오직 한없이 가지고 싶은 것은 높은 문화의 힘"

백범 김구 선생이 가지신 꿈이었습니다. 그 꿈 문화강국은 더 이상 꿈이 아니 현실이 되고 있습니다. 영화, 드라마, 게임, 웹툰, K팝, K푸드까지 한국문화가 세계를 사로잡고 있습니다. K콘텐츠 수출이 2차전지, 전기차도 넘어선 시대입니다.

문화가 곧 경제이고, 문화가 미래 먹거리입니다. K팝 열풍은 K뷰티 열풍으로 이어지고 있고, 한국어 학습 수요가 증가하면서 한국어 학습 시장의 성장으로 이어지고 있습니다. 얼마 전 방영된 〈흑백요리사〉의 인기에 힘입은 'K 미식 여행'이 관광업의 새 활로가 되고 있습니다. K 컬처관광 5000만 시대, '버스킷리스트 한국관광'을 통해 국제적 한국문화 열풍을 매출 증대와 좋은 일자리고 연결시켜야 합니다.

문화는 융합이 쉽습니다. 브랜드, 디자인 등의 경쟁력 강화를 적극 지원해야 할 이유입니다. 문화예술 예산의 대폭 확대, 적극적인 문화예술 지원으로, K 콘텐츠가 세계 속에 더 넓고 더 깊게 스며들도록 해나갑시다.

D: Defense 방위산업 육성

세계에서 가장 높은 군사 밀도, 군사 강국들에 둘러싸인 한반도의 지정학적 특성이 오늘날 괄목할 만한 대한민국 방위산업 발전의 토대가 되었습니다. 방위산업을 미래 먹거리로 적극 육성합시다. 다변하는 미래 전장과 기술 환경에 맞춰서 드론과 로봇, 장비 등의 연구개발에 지속적으로 투자하고, 방위산업 협력 국가를 지속적으로 발굴해야 합니다. 지정학적 위기를 기회로 만들어 갈 수 있지 않겠습니까.

E: Energy 에너지 자립과 안보

2023년 기준으로 우리의 에너지 믹스 현황은 원자력 29퍼센트, 재생에너지 9퍼센트, 천연가스 28퍼센트, 석탄 33퍼센트입니다. 에너지 공급은 안정성, 친환경성, 경제성이 핵심입니다. 우리나라는 에너지원 대부분을 수입하고, 전력망이 고립된 사실상의 섬입니다. 그래서 에너지 자립과 에너지 안보가 무엇보다도 중요합니다.

석탄 비중은 최소화하고 LNG 비중도 줄여가되, 재생에너지를 신속하게 늘려가야 합니다. 어디서나 재생에너지를 생산할 수 있도록, 에너지 고속도로를 건설해야 합니다. 전력 생산자의 전력요금을 낮춰서 바람과 태양이 풍부한 신안, 영광 등 서남해안 소멸위기 지역들을 에너지산업 중심으로 발전시켜야 합니다.

F: Factory 제조업 부활 지원

수출과 내수의 고리가 끊긴지 오래입니다. 기업의 매출 증가가 국내 재투자, 고용, 임금인상에 연결되지 않습니다. 기업들이 해외투자에만 집중하면, 우리 대한민국은 산업 공동화에 직면할 것입니다. 강력한 국내산업 진흥책이 적극적으로 필요한 때입니다. 국내 공급망을 중심으로 하는 '한국형 마더팩토리' 전략이 그래서 필요합니다. 마더팩토리를 거점으로, 소재-부품-장비의 국산화를 지원하고, 산학협력 등 혁신 생태계를 조성해나갑시다. 특정 대기업에 대한 단순한 지원을 넘어서서, 산업생태계를 조성함으로써 성장의 기회도, 성장의 결과도 함께 나눕시다.

최근에 한국의 주력산업이 철강과 석유화학이 위기를 맞고 있습니다. 국산제품의 가격 경쟁력 약화에 더해서 미국 수출길이 막힌 중국의 밀어내기가 겹쳤습니다. 이 산업들은 지역경제의 주축입니다. 관련 기업들이 폐업하면 지역경제가 쑥대밭이 됩니다. 포항, 울산, 광양, 여수, 서산, 당진이 바로 그곳입니다. 긴급 지원이 필요합니다.

산업의 재구조화, 고부가가치 제품 개발을 위한 실증사업지원이 필요합니다. 직업변환 훈련 등 노동자 대책과 지역상권 활성화 등 구조적인 해법을 여야가 함께 논의합시다. 그래서 우선 이 지역들에 '산업위기대응 특별지역' 선포를 제안하는 바입니다.

우리 국민들이 모두 아시는 방탄소년단의 성공 비결 중 하나는 국내 무대에 갇히지 않은 것이라고 합니다. 그들은 처음부터 세계로 향했습니다. 대륙과 해양이 겹치는 우리 한반도의 지정학적 위치도 같습니다. 그래서 상상력을 한 번 발휘해 봅시다. 해양과 육지의 끝이 아닌 시작점이고, 해륙의 충돌지가 아니라, 햐륙 융합의 중심이 되어야 합니다. 지구온난화고 북극항로의 항해 가능 기간이 늘고, 물동량도 증가 중입니다. 동남권 발전의 발판이 될 북극항로에 긴 안목으로 관심으로 가지고 준비할 때입니다.

남북을 관통하는 대륙철도 연결, 그 출발지의 꿈을 잊지 맙시다. 북미회담이 진척되면, 남부 간 강 대 강 대치도 대화와 협력으로 전환될 수 있습니다. 그래서 정치는 생물이고 영원한 적도 우방도 없다고 하는 것입니다. 시간이 걸리겠지만, 세계에서 부울경으로 모인 화물들이 대륙철도와 북극항로를 통해서 유럽으로 전 세계로 퍼져나갈 미래 비전을 가지고 준비해야 합니다. 사천-창원-부산-울산-포항으로 이어지는 동남권을 해운, 철도, 항공의 트라이포트와 그 배후단지로 성장시켜야 합니다.

더 튼튼한 국방을 위해

나라 안으로는 민주주의가 시험대에 올라 있고, 밖으로는 총성 없는 전쟁이 시작되었습니다. 트럼프 2기 출범과 함께 국제질서가 빠르게 재편 중입니다. 미국은 중국에 10퍼센트, 멕시코와 캐나다에 25퍼센트 관세를 예고하며 무역전쟁의 서막을 열었습니다. 자국 우선주의가 지배하는 각자도생 시대 개막으로 수출의존도가 높은 우리는 더 어렵게 되었습니다. 시계 제로 상황이지만 손 놓고 있을 수는 없지 않습니까. 정치가 앞장서서 통상위기에 대응해야 합니다. 그래서 국회 차원의 '통상대책 특별위원회' 구성을 다시 제안하는 바입니다. 적극적인 검토를 요청드립니다.

한미동맹은 우리 외교·안보의 근간이며, 첨단기술 협력과 경제발전을 위한 주요 자산입니다. 민주주의를 공동 가치로 하는 한미동맹은 친위 군사쿠데타라는 국가적 혼란 앞에서 민주주의 회복을 위한 우리 국민의 노력에 변함없는 신뢰와 연대를 보내주었습니다. 자유민주 진영의 도움으로 국가체제를 유지하고 성장·발전해온 우리는 앞으로도 자유민주 진영의 일원으로서 그 역할과 책임을 다할 것입니다.

강경 일변도 대북정책에 따른 남북관계 파탄과 불러 밀착으로 한반도는 군사적 긴장이 고조되고, 사라진 대화 속에 평화는 요원해졌습니다. 그 어느 때보다 군사 대비태세를 확고히 하고, 북핵 대응능력을 제고하는 한편으로, 소통창구는 열고 대화 노력을 병행해야 할 것입니다. 트럼프 대통령이 북미회담 의지를 밝히는 상황에서 우리 정부는 북측에 대화 복귀를 촉구하고, 북미 대화에서 소외되지 않게 해야 될 것입니다.

불법 계엄에 관여한 것 때문에 우리 국군의 사기가 말이 아닙니다. 어이없는 군사쿠데타에 일부 고위 장성의 참여는 사실이었고, 이에 대한 책임 추궁은 불가피합니다. 그러나 우리는 여전히 국군 장병을 믿고 사랑합니다. 국민과 국회가 계엄을 신속하게 막은 깃도 대통령의 불법 명령에 사실상 항명하며 국가와 국민에 충성한 계엄군 장병들 덕분 아니겠습니까. 국군은 대통령이 아닌 국민과 국가에 충성해야 합니다. 다시는 군이 정치에 동원되면 안 됩니다. 불법 계엄 명령 거부권 명시, 불법 계엄 거부자와 저지 공로자에 대한 포상 등 시스템 마련에 나서겠습니다.

마침내 대(大)한민국을 증명하자

사랑하는 국민 여러분, 반만년 역사가 우리를 지켜봅니다. 위대한 선조들께서 우리를 내려다보십니다. 우리 앞의 역경은 전례 없이 험준하지만, 그동안 이겨낸 수많은 위기들에 비하면 결코 극복하지 못할 일이 아닙니다.

우리 국민은 화란 때마다 하나로 뭉쳐 위기를 기회로 만들어왔습니다. 일제의 폭압에 3·1운동으로 맞서며 대한민국 임시정부를 수립했고, 분단의 아픔과 전쟁의 포화 위에서 산업화를 이뤄냈습니다. 무자비한 독재에 맞서 민주주의를 쟁취했고, 아름다운 촛불혁명으로 국민 권력을 되찾았습니다. IMF 위기에도 굴복하지 않았고, 오히려 그 위기를 경제개혁 기회로 삼아 복지국가와 IT 강국의 초석을 다졌습니다. 이 모든 성취는 '더 나은 나라를 물려주겠다'는 우리 국민들의 통합된 의지의 산물입니다. 우리 국민은 내란조차 기회로 만들 만큼 용감하고 지혜롭습니다.

더불어민주당은 더 낮은 자세로 정치의 사명인 '국민통합'의 책무를 다하겠습니다. 공존과 소통의 가치를 복원하고, 대화와 타협의 문화를 되살리겠습니다. 국가와 국민만을 위한 탈이념·탈진영 실용정치만이 국민통합과 미래로 나아가는 길이자 회복과 정상화, 성장과 재도약의 동력이 믿습니다.

굴곡진 우리 역사가 그랬듯이 더디고 다 끝난 것처럼 보여도, 무력감에 잠시 흔들려도, 역사는 전진해왔고, 또 쉼 없이 전진해갈 것입니다. 지금 우리에게 필요한 것은 역사와 국민에 대한 확고한 믿음으로, 두려움 없이 나아가는 것입니다.

1945년 광복 직후, 가난과 빈곤에 힘겨웠던 선대들에게 '내한민국이 세계 10위 경제 강국이 될 것'이라 말했디면 어땠겠습니까? 군부독재 폭력으로 희생된 선열들에게 '우리 대힌민국이 세계기 인정히는 모범적 민주국가가 될 것'이라고 말했다면 어땠겠습니까? 죽은 자가 산 자를 구하고 군사쿠데타의 아픈 기억이 오늘의 대한민국을 살린 것처럼, 2025년의 우리 국민들이 우리의 미래를 구할 것입니다. '모두의 질문 Q'를 시발로 연대와 상생, 배려의 '광장'에서 펼쳐질 '국민 중심 직접민주주의'는 '제2의 민주화'로 자리 잡을 것입니다. 지금부터 시작될 '회복과 성장'은 사라진 꿈과 희망을 복원하는 '제2의 산업화'가 될 것입니다.

우리 민주당이 앞장서겠습니다. 꺼지지 않는 오색의 빛으로 국민이 가리킨 곳을 향해 정진하겠습니다. 좌절과 절망을 딛고 대한국민과 함께 다시 일어나 다시 뛰는 대한민국을 꼭 만들겠습니다. 서로를 인정하고, 긍정적으로 사고하고, 미래를 향해 함께 나아갑시다.

국회 교섭단체 대표연설
2025년 2월 10일 국회 본회의장

'두툼한 매트리스' 왜 기본사회인가

대전환의 위기이지만, 한편으로 기회이기도 하다. 지금까지의 사회제도는 모두가 일할 수 있고, 일한 만큼 생산과 소득이 보장되는 것을 전제로 했다. 그러나 기술이 생산의 주력이 되는 4차 산업혁명 시대에는 모두가 일할 기회를 갖기 어렵다. 이에 산업화 30년, 민주화 30년을 넘어 기본사회 30년을 준비할 때다.

시대와 일자리가 변해도 소득, 주거, 금융, 의료, 복지

등 모든 영역에서 국민의 기본적 삶이 보장되도록 하는 것이 국가의 책무다. 생존을 위한 '최소한의 삶'이 아니라 '기본적인 삶'이 보장되는 사회적 대전환을 이뤄내야 한다. 더 나은 삶과 더 나은 미래 앞에는 여도 야도. 진보도 보수도 없다. 불안과 절망을 최소화할 수 있는 기본사회로 함께 나아가야 한다.

헌법은 "대한민국은 민주공화국이다." "대한민국의 주권은 국민에게 있고, 모든 권력은 국민으로부터 나온다"라고 천명합니다. 정치인은 주권자의 대리인입니다. 국민이 맡긴 권력은 오직 국민만을 위해 사용되어야 합니다. 서러운 국민의 눈물을 닦고, 절망하는 국민께 꿈과 희망을 드려야 합니다. 강자의 횡포를 억제하고 약자와 동행하며 모두가 함께 행복한 세상을 만들어야 합니다.

국민은 묻고 계십니다. 우리 정치는 그 책임을 다하고 있는가? 각자도생을 넘어 기본적 삶이 보장되는 기본사회로 나아가야 합니다.

국민 여러분, 선입관을 버리고 상상을 해보십시오. 가난을 증명한 사람을 골라 지원하지 않고, 모두를 지원한 후 불필요한 몫은 회수하면 어떻겠습니까? 재정부담은 같지만, 국민의 삶에 엄청난 차이가 생깁니다. 탈락이 두려운 노동회피가 없어질 것이고, 생활 수준을 증명할 필요가 없어 낙인효과도 없습니다. 문화예술처럼 소득은 적지만 만족도 높은 일자리가 많이 생길 것입니다. 지원 사각지대에서 극단적 선택을 해야 했던 수원 세 모녀나, 배가 고파 달걀 한 판을 훔치고 감옥에 가야 했던 이들에겐 죽고 사는 문제를 해결하는 것이기도 합니다.

그래서 우리의 미래는 최소한의 삶을 지원받는 사회가 아니라, 기본적 삶을 보장받는 '기본사회'여야 한다고 믿습니다. 경제선진국에 진입한 경제력과 더 높아질 과학기술력을 감안하면 우리나라는 국민의 기본적 삶을 책임질 역량이 됩니다. 선진국에 비해 많이 부족한 복지를 확대하는 과정에서 얼마든지 효율적인 제도를 설계·실험·정착시킬 수 있습니다.

해방 후에 이뤄진 혁명적 농지개혁이 새로운 사회발전의 토대가 되었습니다. 산업화로 고도성장을 이뤄냈고, 세계에 자랑할 민주국가로 우뚝 섰습니다. 그러나 다시, 불평등과 양극화, 이로 인한 효율성 저하로 성장은 지체되고, 갈등과 분열의 각자도생 사회가 되어가고 있습니다. 이제 산업화 30년 민주화 30년을 넘어 기본사회 30년을 준비할 때입니다.

소득, 주거, 금융, 의료, 복지, 에너지, 통신 등 모든 영역에서 국민의 기본적 삶이 보장되도록 사회 시스템을 바꿔가야 합니다. 출생부터 사망까지 기본적 삶이 보장되고 미래와 노후의 불안이 사라져야 실력과 노력으로 성공하는 사로, 재난이 닥쳐도 걱정 없는 사회가 가능해집니다. 자녀가 내 삶의 짐이 되지 않고, 나보다는 더 나은 삶을 살 것이라 믿어져야 아이도 낳고 행복한 미래도 꿈꾸지 않겠습니까?

불가능한 일처럼 보일 수 있습니다. 그러나 반드시 해야 하고, 또 얼마든지 할 수 있는 일입니다. 우리 앞의 대전환의 위기가 바로 불가능을 가능하게 만들 기회입니다.

지금까지의 사회제도는 모두가 일할 수 있고, 일한 만큼 생산과 소득이 보장되는 것을 전제했습니다. '일하지 않는 자 먹지도 말라'는 틀린 말이 아니었고, 실업급여 등 복지제도 역시 노동소득을 대선제로 이를 보완하는 데 중점을 두었습니다. 그러나 이미 시작된 4차 산업혁명 시대에는 원하는 사람 모두가 일할 기회를 충분히 가지기 어렵다는 예측이 많습니다. 노동이 생산의 주력인 시대에 합당했던 사회제도는 기술이 생산의 주력이 되는 시대에서는 제대로 작동하기 어렵습니다.

이제 생존을 위한 '최소한의 삶'이 아니라 '기본적인 삶

'이 보장되는 사회로 대전환을 고민해야 합니다. 기본사회 정책이 대한민국에 새로운 활력을 불어넣을 것입니다. 부담자와 수혜자가 분리되지 않고 모두가 수혜장인 기본사회 정책은 '부담집단'과 '혜집단'의 갈등을 최소화합니다.

이제 우리는 기본사회로 나아가야 합니다. 기본사회의 핵심 비전은 국가가 국민의 미래를 책임지고, 희망과 혁신의 꽃을 피워내는 것입니다. 선진 복지국가에서 위험한 혁신에 도전이 많은 이유는 평균대 밑에 두툼한 매트리스가 있기 때문입니다. 바닥이 콘크리트라면 평균대 위 도전은 망설여질 것입니다.

국민의힘도 머리를 맞대주십시오. 국민의힘 정강정책 제1조1항에도 기본소득을 명시했습니다. 박근혜 전 대통령의 미완의 약속, 모든 노인에게 월 20만 원 '기초연금'을 지급하는 것, 그게 바로 노인기본소득이었습니다.

지방소멸 위기 속에서도 햇빛연금을 지급하는 전남 신안군은 유일하게 인구가 늘고 있습니다. 월 15만 원의 농촌기본소득을 지급하는 경기도 연천군 청산면도 8개월 만에 인구가 약 9퍼센트 증가했습니다. 시행 중인 아동수당은 물론, 윤석열 정부가 추진하는 월 100만 원의 부모급여도 아동기본소득입니다.

더 나은 삶과 더 나은 미래 앞에는 여도 야도 진보도 보수도 없습니다. 불안과 절망이 최소화되는 기본사회를 향해 함께 준비하고 함께 나아갑시다.

국회 교섭단체 대표연설
2022년 9월 28일 국회 본회의장

골목상권을 살리려면

다수의 국민이 잘사는 나라가 좋은 나라다. 나라가 부자여도 극소수만 부자이고, 대다수가 가난하면 불행하다. 돈이 많아도 흐름이 멈추면 경제는 죽는다. 사람 몸도 마찬가지다. 피가 멈추지 않고 돌아야 산다. 그러나 피가 많다고 좋은 건 아니다. 심장에만 피가 몰리면 죽는다. 경제도 마찬가지다. 실핏줄인 지역경제, 골목상권이 살아야 활력 있는 나라가 된다.

나라 곳간에 돈이 1000억 원이 있어도 은행이나 부자들이 움켜쥐고 있어 꼼짝하지 않으면 경세에 보탬이 안 된다. 10분의 1인 100억 원밖에 없더라도, 골목상권까지 쭉 퍼져서 10바퀴를 돈다고 하면 1000억 원, 100바퀴를 돌면 1조 원의 효과가 생기는 것이다. 그렇게 돈이 돌게 하는 것이 정부의 바람직한 경제정책이다. 지역화폐 활성화나

이를 기초로 한 민생지원금 등을 잘 활용할 필요가 있다.

다수의 국민이 잘사는 나라가 좋은 나라입니다. 나라가 아무리 부자라도 극소수만 부자이고 나머지자 다 힘들면 불행하지 않습니까? 총량이 조금 부족한 듯해도 모두가 함께 잘사는 희망 있는 나라, 그런 나라가 우리 모두가 꿈꾸는 세상 아닌가 생각이 듭니다.

나라 전체로 경제가 너무 어렵습니다. 이게 어쩔 수 없는 천재지변 같은 것이라면 우리가 감수해야 하겠지만, 그러나 충분히 극복할 수 있는 위기들이고, 어쩌면 당하지 않아도 될 그런 나쁜 상황을 당하고 있는 것이 우리의 현실이기 때문에 참으로 안타깝습니다.

제가 골목상권이나 전통시장을 방문할 때마다 느끼는 것이 있습니다. 정말 파는 분들은 1000원짜리 푸성귀 하나 팔기 위해 새벽부터 하루종일 손 비비면서 열심히 일하지 않습니까. 그런데 오는 손님들 역시 이 1000원짜리 하나 부담이 되어서 살까 말까 망설이는 상황입니다.

안타까워 이런 생각을 해봅니다. 제가 경기도지사 때 했던 것처럼 지역화폐라도 충분히 발행해서 온라인 쇼핑몰이나 거대 국제 플랫폼에 이익을 주는 것보다 우리 동네에서 쇼핑도 좀 하고, 골목경제가 활성화되면 동네에 온기도 돌고 참으로 행복하지 않을까.

지역의 골목은 특별한 의미를 가지고 있습니다. 여기는 그냥 물건을 사고파는 냉정한 거래 현장이 아니라 동네 사람들이 만나서 정을 나누는 공동체 활성화 공간입니다. 마음을 나누는 곳이지요. 그래서 저는 지역화폐를 통해서 돈이 지역에서 한 번은 돌고 다른 곳으로 가게 하자, 그런 생각을 가지고 지역화폐 정책을 계속 추진해왔는데 윤석열 정부는 지역화폐 예산을 계속 줄이고 있습니다. 2024년도 예산 편성에서는 0원입니다. 왜 그러는지 이해가 안 됩니다.

그러면서도 온누리상품권 예산을 자꾸 올려요. 이 온누리상품권은 지역 제한도 없고 사용처도 동네 골목으로 제한되지 않기 때문에 동네 골목을 따뜻하게 하는 데 크게 도움이 안됩니다. 돈이 돌아야 경제가 살지요. 돈은 '돈다'고 해서 돈이라고 하지 않습니까? 돈의 흐름이 멈추면 경제가 죽는 것입니다. 마치 사람 몸의 피처럼, 피가 돌아야 하거든요.

그런데 피가 많다고 좋은 건 아닙니다. 피가 심장에만 몰리면 죽는 것이지요. 경제도 마찬가지예요. 돈이 돌아야 합니다. 돈이 1,000억 원 있으면 뭐 합니까? 어디 은행에 꽉 잠겨서 꼼짝하지 않으면 0원인 것이지요. 그런데 100

억이 온 동네 골목에 쭉 퍼져서 10바퀴 돌면 1,000억이 되는 것이고, 100바퀴 돌면 1조 원이 되는 것입니다. 그것이 경제잖아요. 우리 모두 다 알지 않습니까? 그 돈을 돌게 하는 것이 정부의 경제정책입니다.

경제 중에서도 가장 서민들의 삶에 체감되는 곳이 바로 골목상권 아닙니까? 지역과 골목에서 활동하는 소상공인과 자영업자가 570만 명으로 공식통계가 잡히는 모양이다, 연간 100만 개의자영업자 사업장이 폐업하고, 80~90만 개가 다시 생겨요. 총량으로 한 10만 개가 줄었다고 하던데, 10만 개가 줄면 그 가족들, 종사자들, 얼마나 많은 사람이 생업을 잃는 것입니까? 아마 정말 마지못해 버티는 사람이 많으실 것입니다.

어디 은행에서 소상공인 지원 대출을 받았는데 폐업하면 바로 갚아야 된다면서요? 폐업도 못 한다면서요? 돈은 없고, 폐업하려고 해도 바로 돈 안 갚으면 경매 들어올까 봐 폐업도 못 하고 그냥 죽을 고생 하면서, 손해 보면서 버틴다..., 왜 그래야 합니까?

자영업자들의 대출 채무가 늘어난 게 주로 코로나 때잖아요. 코로나 때 다른 나라는 무상지원을 많이 해줬습니다. 그런데 우리 나는 다 대출을 해줬어요. 코로나를 극복하는 모든 비용을 정부가 부담하지 않고 서민들, 자영업자들에게 떠넘긴 것입니다. 그 결과 국가는 부채가 늘지 않아서 좋다고 자랑했지만, 다른 나라는 다 국가부채가 늘고 개인 가계부채라 크게 늘지 않은 반면에 우리나라만 국가부채는 그대로고 가계부채·개인부채만 잔뜩 늘었어요. 가계부채 때문에, 민간부채 때문에 앞으로 경제위기를 겪을지도 모른다고 하지 않습니까? 그 일선에 우리 자영업자들이 있는 것이지요.

지난 2022년 대선 때 대체로 모두가 그런 약속들을 한 것으로 저는 기억합니다. 채무 조정해주겠다, 연기해주겠다, 이자 지원해주겠다, 특히 채무 탕감을 해주겠다…… 다들 약속하지 않았나요? 그런데 해준 것 있습니까? 이게 나라 살림을 제대로 하는 것입니까? 아니지요. 구김이 힘들고 경제가 전체적으로 죽으면 곳간을 아무리 잘 챙겨도 소용이 없어요. 그리고 정부의 역할은 경제가 어려울 때 경제를 살리는 것이 정부가 하는 일입니다.

교과서에서 맨날 배웠잖아요. 경제 3주체가 있다. 가계·기업·정부, 경기가 활황일 때는 정부가 너무 활황이 되면 문제가 되니까 살짝 눌러주는 것입니다. 그것이 정부의 역할이지요. 경기가 너무 나쁘다 그러면 살짝 부추겨주는 것이 정부가 하는 일입니다. 지금처럼 경기가 나쁘고 동네에 돈이 말라가면, 말라서 죽으면 큰일 나니까 돈이 돌게 해주는 것이 비로 정부가 해야 하는 의무입니다. 윤석열 정부에서는 그런 정책들이 다 사라진 것 같아요.

여러분이 나서주셔야 합니다. 정치는 대리인을 뽑아서 우리가 원하는 바를 대신하게 만드는 것인데, 그 대리인들이 우리의 삶에 관심 갖지 않고 우리의 뜻과 다르게 행동하면 주인이 나서야지요. 소상공인 정책이든, 자영업자 지원 정책이든, 지역경제 골목경제를 살리는 정책이든 어떤 것이 필요한데 정치에서, 또 권력을 가지 행정부에서 그것을 제대로 하지 않으면 제대로 하게 만드는 것이 여러분 스스로를 위한 길입니다.

맡겼으니까 잘하겠지. 맡겼으니까 못해도 할 수 없다. 견디자, 이럴 필요가 없는 것이고 이래서는 안 되는 것이지요. 주인은 주인의 역할을, 머슴은 머슴의 역할을 잘해야 하는데, 각각 그 역할에서 벗어나면 그 제자리를 찾게 만드는 것은 바로 주인의 역할이지요. 당당하게 '내 세금이고, 내가 맡긴 권력이니 그 권력과 예산을 제대로 우리를 위해서, 국민을 위해서 써라'라고 여러분께서도 요구해 주시기를 부탁드립니다. 말을 안 들으면 혼을 내야지요.

지역사랑상품권 국고 지원을 위한 전통시장·소상공인 간담회 모두발언
2024년 11월 21일 수원 영동시장 대강당

악어의 눈물에 속지 말자

우리 국민들은 선량해서 누군가가 눈물 흘리고 큰절하면서 잘못을 빌면 마음이 약해지는 경향이 있다. 좋은 덕목이다. 그런데 눈물도 종류가 있다. 고통스러워서, 힘들어서, 미래가 암울해서 흘리는 다수 서민과 약자의 눈물은 연민하고 동정해야 한다. 그러나 기득권 강자가 자신의 잘못을 책임지지 않고 권력을 연장하려는 목적으로 국민을 속이기 위해 흘리는 '악어의 눈물'은 결코 연민하거나 동정하면 안 된다.

국민을 탄압하고 국민을 거역하는 권력자들의 잘못된 권력행사를 가짜 눈물에 속아서 용서한다면 우리 국민들은 그 수백 배, 수천 배의 피눈물을 흘리게 될 수도 있다. 우리의 자녀들이 기회가 사라진 세상, 불평등하고 폭력적인 세상에서 희망과 미래를 잃고 좌절하며 흘리는 눈물을 동정하고 걱정해야 한다. 강자들, 소수 기득권자들의 눈물과 사과에는 유효기간이 있다. 딱 선거 날까지다. 그런 가짜 눈물에 속으면 안 된다.

여러분, 내일 대한민국 주권자의 이름으로 승리할 준비는 다 되셨습니까? 악어의 눈물에 속지 않고 그들의 민생 실패에 대해서 확실하게 책임을 물을 준비가 되셨습니까?

모든 권력은 국민에게서 나온다고 했습니다. 대한민국의 주인은 국민 아닙니까. 우리가 맡긴 권력과 예산으로 국민의 더 나은 삶과 이 나라의 더 나은 미래를 개척하라고 했더니 그 주어진 권력과 예산으로 무슨 고속도로 위치나 바꾸면서 사익을 취하고 심지어 자신들의 범죄를 은폐하느라 국민의 세금을 낭비할 뿐만 아니라 호주에 도주대사를 파견해서 나라 망신을 시키는 이러한 외교 실패, 권력 남용, 예산 낭비에 대해서도 확실하게 책임을 물어야 하지 않겠습니까.

용산구민 여러분, 그리고 서울시민 여러분, 우리는 (지난 대선에서) 숭배할 우상을 뽑거나 우리를 통치하고 지배할 왕을 뽑지 않았습니다. 우리는 국민을 위해서 잠시 권력을 위임받아 충직하게 국민과 국가를 위해 일할 일꾼을 뽑은 것입니다. 그렇지 않습니까? 우리의 대리인, 일꾼들이 주인을 업신여기고 능멸하고 심지어 주인을 억압하고 고통으로 몰아넣으면 주인 된 입장에서 용서하지 말아야 하는 것 아닙니까?

대한민국의 주인은 국민, 바로 주권자들입니다. 주권자 의지에 반하고 주권자 이익에 반하는 권력 행사에 대해서는 반드시 책임을 물어야 앞으로는 충직하게 국민의 대리인으로 국민을 섬기면서 일하지 않겠습니까.

내일이 바로 심판의 날입니다. 내일이야말로 이 나라 주인이 국민이라는 점을, 너희들은 국민으로부터 잠시 권력을 위임받은 대리인, 일꾼에 불과하다는 점을 확실하게 증명해야 하지 않겠습니까. 준비되셨습니까?

국민 여러분, 이 나라는 전 세계가 인정하는 것처럼 식민지에서 해방된 나라 중에 유일하게 산업화와 민주화에 성공한 나라입니다. 모범적인 민주국가로 국제사회의 칭송을 받았습니다. 세계 10대 경제 강국이었고 5대 무역흑자 국가였습니다. 동북아의 평화를 선도하는 평화 국가였고 국익 중심의 외교로 경제영토를 끊임없이 넓혀서 경제적으로 성장하는 기회가 넘쳐나는 나라를 향해 가고 있었습니다.

그런데 우리가 맡긴 권력과 예산으로 국민의 삶을 개선하지는 못할망정 국가의 더 밝은 미래를 개척하지는 못할망정 오히려 없는 것보다도 못할 만큼 민생이면 민생, 경제면 경제. 외교면 외교, 그리고 안보, 자유민주주의까지 망가뜨리지 않은 것이 없는 것이 바로 이 정권입니다. 우리가 삶 속에서 체험하고 있지 않습니까.

이제 그들이 행사한 권한의 양만큼 그에 상응하는 책임을 질 때가 되었습니다. 내일은 2년의 국정에 대해서 명확하게 평가하고 주인으로서 계속 권력을 맡길 것인지, 벌을 줄 것인지를 결정해야 합니다. 내일 우리가 받아들게 될 그 투표용지는 바로 옐로카드, 경고장 입니다. '우리가 이 나라의 주인이다! 너희들의 국정 실패에 대해서 명확하게 경고한다!' 이런 경고장을 날려야 하지 않겠습니까.

국가의 역할 중에 가장 중요한 역할이 국민의 생명과 안전을 지키는 것입니다. '이채양명주'에서 보여지는 것처럼 이태원 참사는 아마도 대한민국 근현대사에 길이 남을 참사가 될 것입니다. 그중에서도 국민이 아무런 이유도 없이 길을 가다가 백수십 명이 죽었음에도 정부가 그 원인이 무엇인지, 누가 책임을 져야 하는지 전혀 규명하지 못한, 규명하려는 노력이 전무했던 사건으로 기록될 것입니다.

우리는 반드시 이 사건의 진상을 규명하고 다시는 이러한 대형 참사가 일어나지 않도록 예방책과 방지책을 세워야 합니다. 그리고 백수십 명의 억울한, 죄 없는 생명들이 스러져간 그 참사에 대해서 법적 책임을 묻는 것은 별론으로 하더라도 윤리적, 도덕적, 정치적 책임은 최소한 지금이라도 져야 하는 것 아닙니까.

그런데 윤석열 정권과 국민의힘은 이 당연한 진상 규명과 책임을 회피했습니다. 이것은 주권자인 국민을 명백하게 능욕한 행위이고 일꾼, 대리인으로서의 기본적인 자질이 없는, 무자격, 용서할 수 없는, 실패한 정권입니다. 그리고 반드시 상응하는 책임을 물어야 할 무능한 정권입니다. 맞습니까, 여러분?

여러분이 반드시 책임을 물어주십시오. 우리의 이웃, 아니 어쩌면 나 자신이 똑같은 참사로 피해를 입게 될지 모릅니다. 이태원 참사의 원인도 규명하지 못했고, 원인을 규명하려는 노력도 그들에 저지당했고, 심지어 국회가 다수 의석으로 진상 규명을 위한 특별법을 만들자는 것도 그들은 저지하고 있습니다. 대통령이 거부권을 남발하고 여당은 소수당임에도 불구하고 법사위를 장악하고 권한을 남용해가면서 국민의 뜻을 어기고 있습니다. 이번에 반드시 책임을 물어서 국민의 생명과 안전을 지키는 데 실패한 정권은 유지될 수 없다는 것을 여러분께서 확실하게 해주시기를 부탁드립니다.

아주 당연한 원리로 누군가의 일에 대신 맡아 하는 사람은 자신이 한 일에 대해서 책임을 져야 합니다. 권한의 양만큼 책임이 있습니다. 권한을 행사했으면 그 권한 행사의 결과에 대해서 응분의 책임을 져야 합니다. 잘했으면 상을 받는 것이고 잘못했으면 벌을 받는 것이 당연합니다.

이 나라는 경제, 민생, 안보, 평화, 민주주의 모든 면에서 후퇴했습니다. 우리 국민과 서울시민, 용산구민들은 이 정권의 국정 실패로 고통받고 있습니다. 앞으로 나아질 기미도 보이지 않습니다. 그렇다면 이제 그 권력을 위임한 주인의 입장에서 상벌을 분명하게 할 때입니다. 책임질 것은 책임지고 잘한 것은 칭찬하고 잘못한 것에 대해서는 엄정하게 꾸짖어야 합니다. 맡겨진 권력으로 국민의 삶을 해친다면, 권력의 일부라도 회수해야 합니다. 레드카드는 이르겠지만 최소한 옐로카드로 정신이 번쩍 들게는 해야 하는 것입니다.

그런데 우리 국민들은 참으로 선량해서 누군가가 눈물 흘리고 큰절하면서 잘못했다고 빌면 마음이 약해지는 경향이 있습니다. 정말로 선량하고 착한 대한민국 국민 아니겠습니까? 좋은 덕목임이 분명합니다.

그런데, 여러분, 눈물에도 종류가 있습니다. 고통스러워서, 힘들어서, 미래가 암울해서 흘리는 다수 서민, 약자들의 눈물이 있습니다. 당연히 그 눈물에 우리는 반응하고 연민하고 동정해야 합니다. 그러나 먹이를 잡아먹을 때 목구멍으로 잘 넘어가라고 흘리는 악어의 눈물처럼 기득권 강자들이 자신들의 잘못에 대해서 책임지지 않고 그 잘못된 권력을 더 누리겠다고, 그 권력을 연장하겠다고 국민을 속이기 위해서 흘리는 그 눈물에 대해서는 결코 연민하거나 동정해서는 안 됩니다.

지금(국민의힘 후보들이) 혈서를 쓰고 눈물을 흘리고 엎드려 절하면서 사과한다고 합니다. 분명히 저렇게 할 것이라고 이미 제가 수없이 말씀드렸습니다. 잘못한 것이 없다면 뭐 하러 빌겠습니까. 잘못한 것이 너무 많아서, 국민의 심판을 피하기 어려워서, 반드시 눈물을 흘리고 국민에 잘못했다고 가짜 사과하면서 엎드려 절할 것이라고 제가 경고했는데, 실제 그러고 있지 않습니까.

여러분 국민을 탄압하는, 국민을 거역하는 권력자들의 잘못된 권력 행사를 가짜 눈물에 속아서, 악어의 눈물에 속아시 용서하시면 우리는 이마도 그 몇백 배 피눈물을 흘리게 될 수도 있습니다. 우리 자녀들이 기회가 사라진 세상, 불평등하고 폭력적인 세상에서 희망과 미래를 잃고 좌절하면서 흘리는 눈물, 그 눈물을 동정하셔야 하고 걱정하셔야 합니다.

잘못된 정권이 계속 국정 실패를 하는데도 그들의 권력을 그대로 유지시켜주셨다가 이 사회가 더 많이 망가지고, 우리 삶이 더 피폐해진 후에 눈물을 흘리고 후회한들 무슨 소용이 있겠습니까.

강자들, 소수 기득권자들의 눈물은 눈물이 아닙니다. 지금까지 자신들의 무능과 실책으로 국민들의 삶을 수없이 망친 대가로 심판받을 때만 되면 '꼭 이번 한 번만' 이러면서 위기를 넘겨왔는데, 그들이 과연 실제로 반성하고 뉘우쳤습니까? 실제로 행동과 태도와 마음을 바꿨습니까?

저들이 흘리는 문물과 사과에는 유효기간이 있습니다. 딱 선거 날까지입니다. 이제 그 눈물과 사과의 유효기간이 하루 남았습니다. 유효기간이 하루밖에 안 남은 가짜 눈물과 가짜 사과에 결코 속지 않기를 부탁드립니다. 이번에야말로 이 나라 주인이 바로 우리라는 것을, 우리가 시퍼렇게 뜨고 살아 있다는 것을 저 오만한 정치 권력에 확실히 보여주면 좋겠습니다.

정권심판, 국민승리 총력유세 연설
2024년 4월 9일 서울 용산역 광장

대통령으로서 인사드리겠습니다

20대 대통령선거 마지막 유세를 청계광장에서 했다. 2022년 3월 8일 저녁이었다. 청계광장과 그 옆 광화문 일대는 우리 국민들이 촛불을 높이 들어 이 땅의 민주주의를 바로 세운 역사적인 공간이다. 나는 온 힘을 다해 외쳤다.

"이제 대통령선거가 몇 시간 남지 않았습니다. 이번 선거는 이재명이냐 윤석열이냐를 결정하는 것이 아니라 나라의 운명과 우리 국민들의 미래를 결정하는 것입니다."

나는 내가 꿈꾸는 나라를 연설에 담았다. "저 이재명에게는 꿈이 있습니다." 그리고 국민들에게 호소했다. " 저 이재명에게 기회를 주십시오."

연설의 마지막 대목에서 나는 투표와 개표가 끝나고 당락이 결정될 3월 10일의 새로운 만남에 대해 힘주어 약속했다.

"제20대 대한민국 대통령으로서 여러분과 함께 인사드리겠습니다."

그날 국민 앞에서 이야기했던 나의 꿈과 간절함을 되새기며 다시 신발 끈을 묶는다.

존경하는 국민 여러분, 민주공화국 대한민국의 주권자 여러분, 여러분의 선택을 받아서 이 자리까지 왔습니다.

앞으로 여러분과 함께 대한민국의 미래를 책임지고 싶은 이재명 인사드립니다.

국민 여러분, 이곳 청계광장은 우리 국민들께서 촛불을 높이 들어 이 땅의 민주주의를 바로 세운 그런 역사적인 공간입니다.

"대한민국은 민주공화국이다. 대한민국의 주권은 국민에게 있고, 모든 권력은 국민으로부터 나온다." 대한민국 헌법 제1조가 그저 말이 아니라 우리 국민의 가슴 깊이 생생히 살아 있음을 , 국민이 바로 이 나라의 진정한 주인임을 우리는 이곳 청계광장, 그리고 광화문에서 입증했습니다.

국민 여러분, 정치는 정치인들이 하는 것 같아도 결국은 국민이 하는 것입니다. 대통령은 지배자나 왕이 아니라, 국민을 대표해서 일하는 대리인이자 일꾼에 불과하다는 사실을 이 아라 주권자, 그리고 국민의 손으로 증명한 순간이었습니다.

국민 여러분, 우리가 광장에서 그리고 거리에서 촛불을 들었던 이유가 무엇입니까? 국민이 주인인 민주공화국을 지키자는 절박함이었고, 더 나은 나라를 만들어야 한다는 간절한 열망이었습니다. 공평한 기회자 보장되는 공정한 나라, 모든 이들이 진정으로 자유로운 나라, 전쟁의 위협이 없는 평화로운 나라, 모두가 안전하고 행복한 나라, 희망의 미래가 있는 나라, 바로 그런 나라를 만들자는 간절한 염원 아니었습니까.

존경하는 국민 여러분, 저 이재명에게는 꿈이 있습니다. 억강부약! 대동세상! 강자의 부당한 횡포를 억제하고 약자를 보듬어 함께 사는 나라, 억울한 사람도 억울한 지역도 없는 그리고 생활고 때문에 극단적 선택을 하는 사람이 단 하나도 없는 나라, 그것이 저 이재명의 꿈이었습니다. 청년들이 나고 자란 곳에서 친구를 증오하지 않고 넘어져도 다시 일어설 수 있는 나라, 오늘보다 내일이 더 나은 희망이 있는 나라의 꿈입니다.

국민 여러분, 저는 우리 국민의 위대함을 믿습니다. 국민의 높은 시민의식과 집단지성을 믿습니다. 위대한 국민과 함께 세계에 내세울 위대한 대한민국을 만들고 싶습니다. 국민의 충실한 공복으로서 국민의 뜻을 따르고 용기와 결단으로 반드시 해내겠습니다. 국민이 원하는 일이라면 어떤 장애를 넘어서라도 반드시 해낼 것입니다.

존경하는 국민 여러분, 저 이재명에게 기회를 주십시오.

코로나 위기를 넘는 위기 극복 대통령이 되겠습니다. 국민을 편 가르지 않는 국민통합 대통령이 되겠습니다. G5 선진 경제 강국을 만드는 유능한 경제 대통령이 되겠습니다. 오직 국민의 삶만 생각하는 민생 대통령이 되겠습니다. 반칙과 특권이 없는 사람 사는 세상을 만드는 개혁 대통령이 되겠습니다.

어떤 경우에도 국권을 찬탈당하지 않고 주변 강국에 휘둘리지 않는 당당한 대통령이 되겠습니다. 대통령 한 명이 얼마나 많은 변화를 만들어낼 수 있는지 직접 눈으로 체감할 수 있도록 확실하게 해내겠습니다. 국민의 더 나은 삶과 이 나라의 희망찬 미래를 국민과 함께 반드시 만들어가겠습니다.

대한민국의 진정한 주인이자 역사의 책임을 지는 주체인 국민 여러분, 이제 대통령선거가 몇 시간 남지 않았습니다. 이번 선거는 이재명이냐, 윤석열이냐를 결정하는 것이 아니라 나라의 운명과 우리 국민들의 미래를 결정하는 것입니다,

국민 여러분께서 주권자의 유영한 도구로 저 이재명을 선택해주시면 김구 선생님이 못 다 이룬 자주독립의 꿈을, 김대중 대통령이 못 다 이룬 평화통일의 꿈을, 문재인 대통령이 꿈꾸고 있는 '나라다운 나라'를 반드시 만들어내겠

습니다. 그리고 우리 모두의 꿈, 함께 어우러져 모두가 행복하게 살아가는 대동 세상의 꿈은 저 이재명이 여러분과 함께 만들어가겠습니다.

국민 여러분, 저는 국민을 믿습니다. 역사를 믿습니다. 지금까지 국민만 바라보고 여기까지 왔던 것처럼 앞으로도 국민만 믿고 앞으로 가겠습니다. 대한민국의 운명과 우리 국민들의 미래가 달린 이 역사적인 대회전의 장에서 마지막 단 한 사람까지 참여한 어게인 2002, 승리의 역사를 함께 만들어 주시겠습니까?

국민 여러분, 우리가 이깁니다. 국민이 이깁니다.

3월 10일, 우리가 1700만 촛불로 꿈꾸었던 나라, 국민 주권이 온전히 실현되는 나라, 국민이 화합하는 새 나라에서 만납시다. 그리고 그날, 제20대 대한민국 대통령으로서 여러분과 함께 인사드리겠습니다. 어떤 경우에도 국민과 함께 가겠습니다. 감사합니다.

20대 대선 공식선거운동 마지막 연설
2022년 3월 8일 서울 청계광장

국민이 합니다
그 확신 없이 제가 어떻게 살아가겠습니까

나는 매일 아침 자문한다. 정치는 무엇을 해야하는가? 국가란 무엇인가? 우리 헌법 제1조는 "대한민국은 민주공화국이다. 대한민국의 주권은 국민에게 있고, 모든 권력은 국민으로부터 나온다"라고 천명하고 있다.

정치인은 주권자의 대리인이다. 국민이 맡긴 권력은 오직 국민만을 위해 사용되어야 한다. 서러운 국민의 눈물을 닦고, 절망하는 국민께 꿈과 희망을 드려야 한다. 강자의 횡포를 억제하고 약자와 동행하며 모두가 함께 행복한 세상을 만들어야 한다.

국민은 묻고 있다. 우리 정치는 그 책임을 다하고 있는가? 정치인 이재명은 그 책임을 다하고 있는가? 춥고 긴 겨울 동안 내란으로부터 민주주의를 지키기 위해 고생한 국민들에게 더 나은 삶은 찾아올 것인가?

나는 2025년 2월 10일 국회 교섭단체 대표연설에서 주권자 국민의 질책을 겸허하게 받아들이겠다고 밝혔다. 그리고 다짐했다.

"살을 에는 추위를 견디며 무능하고 부패한 권력자들을 몰아냈지만 권력의 색깔만 바뀌었을 뿐 '내 삶이나 사회는 변하지 않았다'는 질책을 겸허하게 받아들입니다. 맨몸으로 장갑차를 가로막고 총과 폭탄을 든 계엄군과 맞서 싸우며, 다음은 과연 더 나은 세상일 것이냐는 질문에 더 진지하게 응답하겠습니다. 국민의 주권 의지다 일상적으로 국정에 반영되도록 직접민주주의를 강화하겠습니다. 색색의 응원봉이 경쾌한 '떼창'과 함께 헌정파괴와 역사 퇴행을 막아내는 그 현장에서 주권자들은 이미 우리가 만들 '더 나은 세상'을 보여주셨습니다.

그러면서 나는 '결국 국민이 합니다'를 강조했다.

"정치란 정치인들이 하는 것 같아도, 사실은 국민이 하는 것입니다. 민주당이 주권자의 충직한 도구로 거듭나서 꺼지지 않는 '빛의 혁명'을 완수하겠습니다. 국민이 나라의 주인으로 책임지고 행동한 그 소중한 경험을 토대로, 국민이 행복한 나라를 만드는 우리 공복들의 사명을 새기면서 '민주적 공화국'의 문을 활짝 열어가겠습니다."

사실 모든 정치적 변화는 겉으로는 권력자들이 만드는 것처럼 보여도 실제로는 언제나 민중이, 대중이 만들어왔다. 국민 여러분이 새로운 변화의 출발점이고, 새로운 희망의 씨앗이다. 이 나라의 주인이고, 역사의 주인이다. 주권자 국민 여러분의 헌신 덕분에 이재명이 살아 있고, 민주당이 살아 있고, 이 나라라 민주주의에 새로운 희망이 생긴 깃이다.

나는 우리 국민들에게 희망을 주는 정치인이 되고 싶다. 그런데 내가 주고 싶은 그 희망은 정작 우리 국민들로부터 나온다. 나는 우기 국민들의 위대함을 믿는다. 진짜로 믿는다.

그래서 나는 국민들을 만나는 자리에서 이렇게 이야기를 해왔다.

"정치는 정치인들이 하는 것 같아도 결국 국민이 합니다."

나는 국민을 믿었고 그래서 견딜 수 있었다. 권력이 나를 죽이려고 할 때도 나는 국민을 믿었다. 결국, 국민의 집단지성은 작동한다.

나의 정치 인생은 참으로 굴곡이 많고 위기도 많았지만, 그 믿음으로 여기까지 올 수 있었다. 그 믿음이 없었다면 내가 어찌 지금까지 살아올 수 있었겠는가.

내란은 진압되었고 윤석열은 파면되었다. 길기만 했던 혹독한 겨울이 지나고 다시 봄이 왔다. 결국, 국민들이 해냈다. 앞으로도 국민들이 해낼 것이다.

이 긴 겨울을 이겨내고 위대한 빛의 혁명을 만들어내 국민들이 다시 찾아온 이 봄에 어떤 새로운 세상을 또 만들어낼까. 나도 그 길에 기꺼이 함께하겠다.

더 포용하고, 더 많이 용서하고, 더욱더 사랑을 실천하겠습니다. 통일은 완전한 독립임을 온 국민이 깨닫고 함께 독립에 우선순위를 두고 양보하고 존경하며 서로를 위하여 섬기는 삶을 살겠습니다.

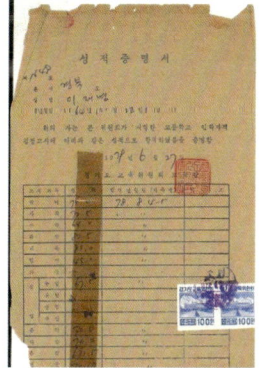

대한민국 경주에서 열릴 APEC 정상회의에서 'APEC AI 이니셔티브'를 통한 AI 미래 비전을 공유하고자 합니다. 첨단기술 발전이 인류의 보편적 가치에 기여하는 '모두를 위한 AI'의 비전이 국제사회의 '뉴노멀'로 자리잡을 수 있도록 노력하겠습니다.AI가 주도할 기술혁신은 기후 위기 같은 전 지구적 과제를 해결할 중요하고 또 새로운 도구가 될 것입니다. 와 남북관계 대결에서 평화로 이끄시는 재림예수인 듯

이재명 대통령은 23일(현지 시각) "세계 평화와 인류 공영의 미래를 논의할 유엔총회에서 세계 시민의 등불이 될 새로운 대한민국이 국제사회에 완전히 복귀했음을 당당히 선언한다"고 알렸다.

이 대통령은 이날 미국 뉴욕UN 본부 건물에 오전 11시 30분쯤 도착해 브라질, 미국, 인도네시아, 튀르키예, 페루,

요르단에 이은 일곱 번째 기조연설을 통해 이같이 밝혔다. 이 대통령은 20분 동안의 기조연설에서 '민주 대한민국의 복귀' '한반도 평화'에 대해 강조했다.

이 대통령은 지난해 12월 3일 비상계엄 선포 극복과 관련 "지난 겨울, 내란의 어둠에 맞서 대한민국 국민이 이뤄낸 '빛의 혁명'은 유엔 정신의 빛나는 성취를 보여준 역사적 현장"이라며 "대한민국이 보여준 놀라운 회복력과 민주주의의 저력은 대한민국의 것인 동시에, 전 세계의 것이 될 것"이라고 했다.

이어 "유엔의 지원과 도움에 힘입어 성장한 대한민국은 이제 민주주의 회복의 경험과 역사를 아낌없이 나누는 선도국가 역할을 마다하지 않겠다"고 했다.

이 대통령은 "대한민국의 '국민주권정부'는 집단 지성의 힘으로 더 나은 대안을 찾아내는 민주주의의 혁신을 끊임없이 시도하고 있다"며 "같은 문제를 겪는 모든 국가가 이곳 유엔에 모여 함께 머리를 맞대는 '다자주의적 협력'을 이어나갈 때, 우리 모두 평화와 번영의 밝은 미래로 함께 나아갈 수 있을 것"이라고 했다. 이어 "'유엔80 이니셔티브'가 시대직 요구에 발맞춰 유엔의 진화와 발전을 이뤄낼 비전으로 자리 잡기를 기대한다"며 "유엔 안전보장이사회 또한 변화된 국제환경을 반영해 비상임이사국을 확대하고, 효과성과 대표성을 제고할 수 있길 희망한다"고 했다.

아울러 "대한민국은 2024~25년 임기 안보리 이사국으로, 안보리가 국제평화와 안보의 위협에 능동적으로 대응할 수 있도록 노력하고 있다"며 "대한민국은 유엔이 표방하는 자유와 인권, 포용과 연대의 가치를 굳건하게 수호하는 글로벌 책임 강국의 역할을 다하겠다"고 약속했다.

이 대통령은 "인류는 '더 나은 내일'을 향한 열정으로 지금의 진보를 이뤄냈다"며 "어려운 시기일수록, 인류 보편 가치에 대한 믿음이라는 유엔의 기본 정신으로 돌아가야 한다"고 했다.

이어 "전쟁의 참화를 물려주지 않겠다는 일념이 유엔 창립으로 이어져 분쟁을 예방하고 평화를 지켜냈던 것처럼, 미래의 인류가 살아갈 더 나은 세계를 위해 오늘의 우리는 더 협력하고, 더 신뢰하고, 더 굳게 손잡아야 한다"며 "지속 가능한 미래를 향한 다자주의적 협력의 길, 민주 대한민국이 앞서가겠다"고 강조했다.
그러면서 "오늘날 대한민국은 유엔의 평화유지 및 평화 구축 활동에 있어 핵심적인 기여국으로서 책임을 다하고 있다"며 "분단국가인 대한민국을 흔들림 없이 수호한 우리의 용사들이 유엔이 주도하는 '지속 가능한 평화'의 길을 돕고 있다"고 설명했다.

이 대통령은 사이버 공격으로 인한 국가 안보 위협, 기술 악용으로 인한 인권 침해 등에 능동적 대처를 강조하며 "내일 안보리 의장으로서 주재하는 공개토의 자리가 AI의 책임 있는 이용을 촉진하는 국제사회의 노력에 큰 보탬이 될 것으로 기대한다. 아울러 다음 달 대한민국 경주에서 열릴 APEC 정상회의에서 'APEC AI 이니셔티브'를 통한 AI 미래 비전을 공유하고자 한다"고 예고했다.

이 대통령은 "AI가 주도할 기술혁신은 기후 위기 같은 전 지구적 과제를 해결할 중요하고 또 새로운 도구가 될 것"이라고 강조했다.

또한 "대한민국은 과학기술과 디지털 혁신을 활용해 에너지 효율을 높이고, 재생에너지 비중을 확대하면서 '에너지 대전환'을 추진하고 있다"며 2025년 '국가 온실가스 감축목표' 동참, 2028년 칠레 공동 개최 '제4차 유엔 해양총회'에서의 지속 가능한 해양 발전을 위한 실질적 연대 등을 언

급했다.

이재명 대통령이 23일(현지 시각) 미국 뉴욕 유엔본부 총회장에서 기조연설을 하고 있다. [사진=연합뉴스]

이 대통령은 "민주 대한민국은 평화공존, 공동 성장의 한반도를 향한 새로운 여정을 시작하겠다"며 국제사회에서의 북한과의 대화 촉구, 한반도 비핵화 필요성등의 메시지를 전달했다.

이 대통령이 남북 간 신뢰 회복, 상호 존중 자세를 강조하며 모든 적대 행위 및 흡수통일 등을 추구할 뜻이 없음을 밝힌다고 하자, 장내에서는 박수가 나왔다.

이어 "앞으로 우리 정부는 남북 간 군사적 긴장 완화와 신뢰 회복의 길을 일관되게 모색할 것"이라고 강조했다.

이어 "'교류(Exchange), 관계 정상화(Normalization), 비핵화(Denuclearization)', 즉 'END'를 중심으로 한 포괄적인 대화로 한반도에서 적대와 대결의 시대를 종식(END)하고, '평화공존과 공동 성장'의 새 시대를 열어나가야 한다"고 했다.

이 대통령은 "남북 관계 발전을 추구하면서, 북미 사이를 비롯한 국제사회와의 관계 정상화 노력도 적극 지지하고 협력하겠다"며 "비핵화는 엄중한 과제이지만 단기간에 해결되기 어렵다는 냉철한 인식의 기초 위에 현실적이고 합리적인 방안을 모색해야 할 시점"이라고 강조했다.

이에 "핵과 미사일 능력 고도화 '중단'부터 시작해 '축소'의 과정을 거쳐 '폐기'에 도달하는 실용적, 단계적 해법에 국제사회가 지혜를 모아야 할 것"이라고 했다.

이 대통령은 "평화란 단순히 무력 충돌이 없는 상태가 아니라 다름을 존중하며 함께 살아가는 공동체를 실현하는 것"이라며 "K-컬처의 성공과 확산은 모든 배경의 차이를 넘어 인류 보편의 공감이 가능함을 입증하고 있다"고 했다.

이어 "연대와 상생, 배려의 에너지를 모아 새로운 민주공화국을 열어낸 대한민국은 지속 가능한 미래, 인류의 새 역사를 향해 나아갈 준비를 마쳤다"며 "민주주의의 위기 앞에서 대한민국 국민이 들었던 오색빛 응원봉처럼, 국제사회와 유엔이 인류의 미래를 밝힐 희망의 등불을 들어달라"고 당부했다.

아울러 "'평화공존과 공동 성장'이라는 한반도의 새 시대를 향해, '함께하는 더 나은 미래'(Better Together) 세계를 향해, 우리 대한민국이 맨 앞에서 담대하게 나아가겠다"고 밝혔다.

이날 이 대통령은 옷깃에 태극기 배지를 단 짙은 남색 정장을 입고 남색 바탕에 흰색 사선 무늬 넥타이를 착용한 모습으로 연단에 올라 연설문을 읽었다.

출처 : 이뉴스투데이(http://www.enewstoday.co.kr)

이재명 대통령 제80차 유엔총회 기조연설 전문

세계 평화와 공동번영에 기여해 온 모든 유엔 회원국과 유엔 직원 여러분께 먼저 존경과 감사의 말씀을 전합니다. 아날레나 배어복(Annalena Baerbock) 제80차 총회의장의 취임을 진심으로 축하드리고, 안토니우 구테레쉬(Antonio Guterres) 사무총장의 변함없는 헌신과 노고에 경의를 표합니다. 의장님과 사무총장님의 뛰어난 리더십 아래 이번 유엔총회가 더욱 의미 있는 성과를 거둘 수 있길 희망합니다.

의장님, 사무총장님, 그리고 각국 대표 여러분, 올해는 '유엔 창설' 80주년이 되는 뜻깊은 해입니다. 유엔이 걸어온 지난 80년은 인류의 존엄과 가치를 지키고 미래세대를 위한 길을 모색해 온 소중한 여정이었습니다. 누군가 유엔이 이룬 성취가 무엇인지 묻는다면, '대한민국의 80년 역사를 돌아보라' 이렇게 대답하겠습니다. 도전과 응전으로 점철된 대한민국의 역사는 인류가 직면한 거대한 도전에 쉼 없이 맞서 온 유엔의 역사 그 자체라고해도 결코 과언이 아닙니다.

대한민국은 유엔이 설립된 해 식민 지배에서 해방됐고, 유엔의 도움으로 분단의 상흔과 전쟁의 폐허 속에서도 국가

정체성을 유지하며 산업화를 일궈내고, 민주주의를 꽃피웠습니다. 그렇기에 대한민국은 그 자체로 유엔의 존재 가치를 증명해 온 나라입니다. 대한민국이 참혹한 전쟁과 재난 속에서 우주의 무게만큼 고귀한 생명들의 희망을 되살릴 때마다 그 치열한 연대의 중심에서 유엔의 깃발이 나부꼈습니다. 유엔은 모든 이들에게 차별 없이 동등한 권리와 기회를 주기 위해 애썼고, 어린이들의 삶을 피워낼 교육과 백신을 제공했습니다.

유엔과 국제사회의 지원으로 일어선 동방의 작은 나라가 세계의 주목을 받는 당당한 유엔 회원국으로 거듭났고, 어느 나라보다 빠르게 국제사회 구성원으로서의 역할과 책임을 높여가고 있습니다. 한때 민주주의와 평화가 위기에 처했지만, 대한민국은 그때마다 불굴의 저력으로 일어섰습니다. 친위쿠데타로도 민주주의와 평화를 염원하는 대한국민들의 강렬한 의지를 결코 꺾을 수 없었습니다. 지난 겨울, 내란의 어둠에 맞서 대한민국 국민들이 이뤄낸 '빛의 혁명'은 유엔 정신의 빛나는 성취를 보여준 역사적 현장이었습니다. 대한민국이 보여준 놀라운 회복력과 민주주의의 저력은 대한민국의 것인 동시에, 전 세계인의 것이 될 것입니다. "당신이 나를 밝은 쪽으로, 빛이 비치는 쪽으로, 꽃이 피고 있는 쪽으로 끌고 가기를 바랍니다" 노벨문학상을 수

상한 한강 작가의 말처럼, 대한민국은 민주주의를 향한 여정을 함께할 모든 이들에게 '빛의 이정표'가 될 것입니다.

저는 오늘세계 평화와 인류 공영의 미래를 논의할 이 유엔 총회에서, 세계 시민의 등불이 될 새로운 대한민국이 국제 사회에 완전히 복귀했음을 당당하게 선언합니다. 유엔의 지원과 도움에 힘입어 성장한 우리 대한민국은 이제 민주주의 회복의 경험과 역사를 아낌없이 나누는 선도 국가로서의 역할을 마다하지 않겠습니다. 각국의 끊임없는 노력에도 불구하고 '세계 평화와 안전 유지'라는 80년 전 국제사회의 결의와 염원은 아직 끝나지 않은 우리 모두의 과제입니다. 여전히 2억 8000만 명의 인구가 극심한 기아 상태에 놓여있고, 우크라이나, 중동을 비롯한 세계 곳곳의 무력 분쟁, 이미 현실이된 '기후 위기'가 인류의 생존을 위협하고 있습니다. 유엔을 창설한 선각자들의 지혜에, 그리고 대한민국 국민이 증명한 길에 답이 있습니다. 방법은 하나 '더 많은 민주주의' 입니다.

대한민국의 '국민주권정부'는 집단 지성의 힘으로 더 나은 대안을 찾아내는 민주주의의 혁신을 끊임없이 시도하고 있습니다. 국제사회가 직면한 공동의 과제를 해결할 방법도 결코 다르지 않습니다. 같은 문제를 겪는 모든 국가가 이곳 유엔에 모여 함께 머리를 맞대는 '다자주의적 협력'을 이어 나갈 때, 우리 모두 평화와 번영의 밝은 미래로 함께 나아갈 수 있을 것입니다. 총장이 제시한 '유엔80 이니셔티브'가 이 시대적 요구에 발맞춰 유엔의 진화와 발전을 이뤄낼 비전으로 자리 잡기를 기대합니다. 유엔 안전보장이사회 또한 변화된 국제환경을 반영해서 비상임이사국을 확대하고, 효과성과 대표성을 제고할 수 있길 희망합니다. 대한민국은 2024년에서 25년 임기 안보리 이사국으로서, 안보리가 국제평화와 안보의 위협에 능동적으로 대응할 수 있도록 노력하고 있습니다.

의장님, 총장님, 그리고 존경하는 각국 대표단 여러분, 민주주의를 회복한 대한민국은 이제 더 나은 미래를 꿈꿉니다. 대한민국은 유엔이 표방하는 자유와 인권, 포용과 연대의 가치를 굳건하게 수호하는 글로벌 책임 강국으로서의 역할을 다해 나갈 것입니다. 대한민국에 거주하는 내외국인 모두가 사회의 동등한 구성원으로서 삶의 모든 현장에서 존중받을 수 있도록, 제도와 문화를 더욱 발전시켜 나갈 것입니다. 대한민국은 인권 존중의 가치를 실현하면서 국제사회와의 협력을 강화하고 또 주도해 갈 것입니다.

당장의 생존이 위급한 시대에, 연대와 상생, 협력이란 말이

다소 생경하게 느껴질 수 있습니다. 하지만 인류는 언제나 깊은 절망만큼 높은 희망을 꿈꾸었고, '더 나은 내일'을 향한 열정으로 지금의 진보를 이뤄냈습니다. 어려운 시기일수록, 인류 보편 가치에 대한 믿음이라는 유엔의 기본 정신으로 돌아가야 합니다. 전쟁의 참화를 물려주지 않겠다는 일념이 유엔 창립으로 이어져 분쟁을 예방하고 평화를 지켜냈던 것처럼, 미래의 인류가 살아갈 더 나은 세계를 위해 오늘의 우리는 더 협력하고, 더 신뢰하고, 더 굳게 손잡아야 합니다. 지속 가능한 미래를 향한 다자주의적 협력의 길, 우리 민주 대한민국이 앞서가겠습니다.

평화는 무엇보다 중요한 가치입니다. 대한민국에서도, 전세계 어디에서도 평화는 민주주의와 경제발전의 기본적 토대가 됩니다. 지금 우리가 직면하고 있는 분쟁과 갈등은 인간의 존엄과 지속 가능한 발전의 이상이 평화가 없다면 얼마나 쉽게 무너질 수 있는지를 선명하게 설명해 줍니다. 오늘날 대한민국은 유엔의 평화유지 및 평화 구축 활동에 있어 핵심적인 기여국으로서 책임을 다하고 있습니다. 분단국가인 대한민국을 흔들림 없이 수호한 우리의 용사들이 유엔이 주도하는 '지속 가능한 평화'의 길을 돕고 있습니다.

평화를 위협하는 것은 물리적인 요소만이 아닙니다. 인공지능(AI) 기술이 안보 역량을 결정하고 사이버 공격이 국가 안보를 위협하는 시대, 우리는 이제 '보이는 적'을 넘어 '보이지 않는 적'과 맞서야 합니다. AI 시대의 변화에 수동적으로 끌려다닌다면 기술 악용으로 인한 인권 침해의 그 어두운 그림자를 떨쳐내지 못한 채 양극화와 불평등 심화라는 디스토피아를 맞이하게 될 것입니다. 그러나 변화에 능동적으로 대처한다면 높은 생산력을 동력 삼아 혁신과 번영의 토대를 세우고, 직접 민주주의를 강화하는 유용한 기반을 만들 수 있습니다.

내일 안보리 의장으로서 주재하는 공개토의 자리가 인공지능(AI)의 책임 있는 이용을 촉진하는 국제사회의 노력에 큰 보탬이 될 것으로 확신합니다. 아울러 다음 달 대한민국 경주에서 열릴 APEC 정상회의에서 'APEC AI 이니셔티브'를 통한 AI 미래 비전을 공유하고자 합니다. 첨단기술 발전이 인류의 보편적 가치에 기여하는 '모두를 위한 AI'의 비전이 국제사회의 '뉴노멀'로 자리잡을 수 있도록 노력하겠습니다. AI가 주도할 기술혁신은 기후 위기 같은 전 지구적 과제를 해결할 중요하고 또 새로운 도구가 될 것입니다.

지난 80년 간 '지속 가능한 발전'의 길을 열어젖히고, 인류의 존망이 걸린 기후 위기 대응을 선도해 온 유엔의 노력에 세계 각국이 화답해야 합니다. 대한민국은 과학기술과 디지털 혁신을 활용해 에너지 효율을 높이고, 재생에너지 비중을 확대하면서 '에너지 대전환'을 추진하고 있습니다. 올해 안으로 책임감 있는 '국가 온실가스 감축 목표'를 제출하여 국제사회의 단합된 의지에 동참할 것입니다. 2028년 칠레와 공동 개최하는 '제4차 유엔 해양총회'에서도 지속 가능한 해양 발전을 위한 실질적 연대를 구축할 수 있도록 할 것입니다. 이처럼 전 지구적 과제에 적극 대처하는 우리 대한민국의 노력은 '지속 가능한 발전'이라는 인류 공동의 약속을 실현하겠다는 확고한 의지를 바탕으로 한 것입니다. 10년 전 유엔이 '지속 가능한 발전 목표'(SDGs)를 수립한 이래, 국제사회는 빈곤 퇴치와 불평등 해소를 위한 여러 진전을 이뤄냈습니다. 그러나 개발 재원에 대한 수요는 지속적으로 늘어나고, 가장 취약한 이들은 여전히 고통 속에 놓여 있습니다. 엄중한 현실을 직시하고, 새로운 변화를 만들어 냅시다. 글로벌 개발 거버넌스를 구조적으로 개혁하는 동시에 재원의 질을 높이는 방향으로 나아가야 합니다. '원조받던 나라'에서 '원조하는 나라'로 성장하고 도약한 대한민국의 사례가 더 많이 나올 수 있도록 함께 힘을 모아주실 것으로 믿습니다.

올해는 유엔 창설 80주년이자, 한반도 분단 80주년입니다.

새로운 도전과 함께 미완의 과제가 우리를 기다리고 있습니다. 민주 대한민국은 평화공존, 공동 성장의 한반도를 향한 새로운 여정을 시작합니다. 그 첫걸음은 남북 간 무너진 신뢰를 회복하고, 상호 존중의 자세로 전환하는 것입니다. 대한민국 정부는 상대의 체제를 존중하고, 어떠한 형태의 흡수통일도 추구하지 않을 것이며, 일체의 적대 행위를 할 뜻이 없음을 다시 한번 분명하게 밝힙니다. 이 세 가지 원칙을 바탕으로 우선 남북 간 불필요한 군사적 긴장과 적대 행위의 악순환을 끊어내고자 합니다. 취임 직후 대북 전단 살포와 대북 방송 중단 등의 조치를 선제적으로 취한 것도 같은 이유입니다.

앞으로 우리 정부는 남북 간 군사적 긴장 완화와 신뢰 회복의 길을 일관되게 모색할 것입니다. 가장 확실한 평화는 싸울 필요가 없는 상태입니다. '교류(Exchange), 관계 정상화(Normalization), 비핵화(Denuclearization)', 즉 'END'를 중심으로 한 포괄적인 대화로 한반도에서의 적대와 대결의 시대를 종식(END)하고, '평화공존과 공동 성장'의 새 시대를 열어가야 합니다. 교류와 협력이야말로 평화의 지름길이라는 사실은 굴곡진 남북 관계의 역사가 증명해 왔던 불변의 교훈이기도 합니다. 남북 간 교류·협력을 단계적으로 확대함으로써, 한반도에서 지속 가능한 평화의 길을 열어나가겠습니다. 한반도 평화는 남북은 물론 국제사회가 함께 만들어가는 게 중요합니다. 남북관계 발전을 추구하면서, 북미 사이를 비롯한 국제사회와의 관계 정상화 노력도 적극적으로 지지하고 협력하겠습니다.

비핵화는 엄중한 과제임에 틀림없습니다. 그러나 단기간에 해결되기 어렵다는 냉철한 인식의 기초 위에 현실적이고 합리적인 방안을 모색해야 할 시점이 됐습니다. 핵과 미사일 능력 고도화 '중단'부터 시작하여, '축소'의 과정을 거쳐 '폐기'에 도달하는 실용적, 단계적 해법에 우리 국제사회가 지혜를 모아주시기 바랍니다. 한반도에서의 항구적 평화 실현은 분쟁으로 고통받는 인류에게 새로운 희망과 가능성을 제공할 것입니다. 대한민국은 'E.N.D 이니셔티브'로 한반도의 냉전을 끝내고 세계 평화와 번영에 기여하기 위한 책임과 역할을 다하겠습니다. 서로 다른 나라의 국민이 상호 협력하며 전 지구적인 도전을 함께 헤쳐나가는 미래가 꿈 같은 장밋빛 전망처럼 들릴 수도 있습니다. 그러나 이는 결코 불가능한 꿈이 아닙니다.

평화란 단순히 무력 충돌이 없는 상태가 아니라 다름을 존중하며 함께 살아가는 공동체를 실현하는 것입니다. 다양성에 대한 존중과 열망이 우리 안에 살아있는 한, 언제든 연대하고 서로를 포용할 수 있습니다. 국경과 언어, 문화적 차이를 넘어 K-컬처가 전 세계인을 하나로 연결하고 있습니다. K-컬처의 성공과 확산은 모든 배경의 차이를 넘어 인류 보편의 공감이 가능하다는 점을 입증하고 있습니다. 연대와 상생, 배려의 에너지를 모아 새로운 민주공화국을 열어낸 대한민국은 지속 가능한 미래, 인류의 새 역사를 향해 나아갈 준비를 마쳤습니다. 험난한 여정이 예상되지만, 시련이 있어도 도전을 멈추지 않았기에 인류는 한 단계씩 성장하며 오늘 여기까지 올 수 있었습니다. 민주주의의 위기 앞에서 대한민국 국민이 들었던 오색빛 응원봉처럼, 국제사회와 유엔이 인류의 미래를 밝힐 희망의 등불을 함께 들어주십시오. '평화공존과 공동 성장'이라는 한반도의 새 시대를 향해 그리고 '함께하는 더 나은 미래'(Better Together) 세계를 향해, 우리 대한민국이 맨 앞에서 담대하게 나아가겠습니다. 긴 시간 경청해 주셔서 감사합니다.

출처 : 이뉴스투데이(http://www.enewstoday.co.kr)

이번 APEC를 통해서 미중 패권전쟁이 끝나고 신세계로 나아갈 것이다. 대한민국 평화사상과 상호 존중의 사상과 이 또한 이재명 대통령의 홍익인간 정신에 구현과 "네 이웃을 내 몸과 같이 사랑하라"는 말씀의 실천자가 될 것이다.

이 대통령, 고향 안동서 성묘 ... "모두의 대통령" 다짐 다시 한번

부 록

너와 나는 본래 하나다

神仙되는 方法

항상 기쁜 마음으로 미소지으며 심호흡을 하면 마음에 門이 열려 하나님(부처님)과 소통하여 지혜와 능력받아 神仙된다.

※ 天地 마음은 나의 마음, 나의 마음은 天地 마음 일체 만물을 자비심慈悲心으로 바라보니 이게 바로 天國일세.

- 항상 기뻐하고 범사에 감사하며 천덕사은 天德師恩을 잊지 않고 명심호흡 宇心 正氣 수련하면 담대한 마음이 생겨 굳세고, 바르고, 총명해 세상을 바로 보는 영안이 열린다.

※ 화禍를 내고 짜증스럽게 생각하면 매사가 괴롭고, 마음에 문이 닫혀 어리석은 중생이 된다.
- 神仙은 외부환경에 동요되지 않고, 화내지 않는다. 항상 미소 지으며 좋은 생각, 바른 행동을 하면서 일심일념 一心一念 性通功完 이룬다.

전쟁을 멈추고 인류가 하나로 가는 길 "사랑!"
전쟁·시기·질투·경쟁은 마귀가 시키는 장난질!

성서에 "진리가 너희를 자유케 하리라", 성령이 "나"인 것이
진리다.
내 몸 전체가 나가 아니고 모두가 나다.
본래인 나는 본래 빛, 눈 감았다 딱 뜨면 전체를 비추는 "빛"
우리는 모두 본래부터 깨달아 있었다.
불이법은 모두가 "나"다. 지금 전체! 아미타부처가 전체를 비추고
있다. 참 '나'다.
시각적으로 밝아져서 "환"하다.

전체가 지금이 되는 법

불이법의 뜻 – 상대성이 없다는 뜻

실 / 험

길다 짧다의 실험!
길다는 것이 존재할 수 있는 이유!

짧다는 비교를 통해 길다는 것을 인식하는 것이 가능해

진다. 이것은 우리는 상대성의 분리성 이원성이라 부른다. 불이법의 뜻은 분리가 없다. 하나만 있음으로 하나조차도 없다는 뜻이 된다. 이 말은 하나가 없는게 아니라 하나가 있지만 하나를 인식할 수 없다는 뜻이다.

천부경중 일시무시일

1) 하나가 없다는 실험

길다만 있고 상대성 짧다가 없을 때, 여기서

질문1)

길다는 것, 길다는 것을 알 수 가 있을까요? 없을까요? 길다는 정답, 길다는 비교 할 짧다가 없음으로 길은지 짧은지 알 수 가 없다.

천부경 일종무종일

태어나자마자부터 깨달아 있었다. 여섯 살 까지는 누구나 "환" 했다. 선 · 악 · 미 · 추가 없었다.
일곱 살부터 호 · 불호가 생겨서 남녀칠세 부동석이 생겼다.

질문 2)

길다 짧다 비교 상대가 없이 길다를 알수가 없다면 길은 것은 있는 것일까? 아니면 없는 것일까요?

정답) 길은 것은 알 수 없음으로 길은 것은 없는 것입니다.

2) 남이 없는 나 (하느님 = 부처 영원 불멸하는 전지전능한 (하나님=복음) 나라는 생명

나가 있는 것인가 없는 것인가?

원효는 1960년 단오절에 경기도 화성시 우정읍 조암4리 마산동 665번지에서 아버지 최건충 요셉과 초계정씨 용란 마리아 품에서 10남매 중 8째로 태어났다. 당시 홍역병으로 형 하나와 누이 하나를 먼저 하늘에 보낸 사람이다. 홍역이 무섭다 1961. 출생한 동생 이었다. 1961년 10월 남동생 최원장(기아자동차 부장)이 태어나, 엄마젖을 동생에게 양보하고 사랑채 사랑방에 중풍 걸리신 할아버지방에서 생활해야 했다.

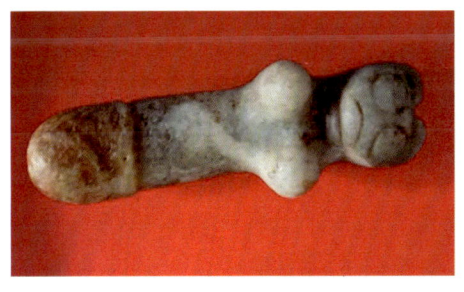 

단군조선 신화에서 역사로 증명되는 유물

실험 나 남

질문) 나와 남 상대성이 있을때 나는 내가 있다는 것을 인식할 수 있겠는가? 없겠는가?

정답) 상대방 남을 비추어 나를 인식할 수가 있다.

그럼 여기서 질문)

그럼 나의 크기가 가로 세로 얼마인지에 대해서 알아보자 그럼 몸을 인식하는 나의 크기에 대해서 알아보자

이게 몸을 인식한 나의 크기다. 그럼 마귀 에고가 인식하는 가짜 나의 몸에 인식의 크기가 맞는지 직접 실험해 보라. 이것은 땅으로 그림을 그려서 나만의 몸을 직접 경험할 수 있는지 한번 그림을 그려보자.

여기서 내 땅이 1번 땅이 나면, 내가 주체적 독립적으로 외부의 도움을 받지 않고, 내 몸이나 땅이 독립적으로 존재하려면 몸이 어떤 것도 보이지 않아야 한다.

내가 눈을 감았다. 떴다 이런 꿈이 이런 그림이 나와야 한다. 1번 이번 지번을 절대로 보이지 않아야 한다. 그럼 이게 가능한지 실험해 보자. 자 이제 눈을 감아라. 당신은 당신이 좀 된 몸인지 실험해 보자 나의 몸 예를 들어보겠다.

나는 키가 180센티인데 그럼 그림으로 나의 키는 180cm다.

다른 사람이 당신의 키는 얼마입니까? 물어보면 나의 키는 180cm입니다. 답한다. 그럼 내 키가 180cm라는 것은 사실일까? 아니면 내가 거짓말을 하는 것일까? 실험을 통해 알아보자.

자, 이제 여러분은 모두 눈 감아라. 그리고 내 몸의 영역은 머리 하나 몸통 하나 다리 2개 라고 선언하라. 그리고 내 몸 외에 다른 영역은 내 몸이 아니라고 선언해라. 그리고 나의 크기가 눈을 떴을 때 보이는 전체 가로 세로 크기이다.

자 여러분은 눈을 떴다. 눈을 떠 보이는 신체 그림을 가로 세로로 그려 보아라.

이게 당신의 몸 가로 세로의 크기다. 나의 방의 크기가 나의 큰 키인지 몸이 나의 크기가 아니다. 나만 있고 남 상대방이 없다면 나는 나를 인식할 수가 있는가 없는가?

3) 정답 비교 상대

남이 없음으로 나를 인식할 수가 없다.

여기서 질문, 비교상대 남이 없어 나를 인식 할 수가 없다면 나는 있는 것인가? 없는 것인가? 정답 나는 없는 것이다. 내가 전지전능하고 영원 불멸하지만 내가 없다는 것의 확인, 내가 없다는 증거에 대한 체험 사례이다.

내가 없다 확인

(불이법에 전체인   나 = 진짜   나 = 하나님 = 부처의 진짜 뜻 = 전체적인 나 = 전지전능한 나이지만, 나는 인식이 안 되어 내가 없다는 뜻.

진짜 나 = 나는 하나님 = "부처 ="

당시 최대균 할아버지는 칠원윤씨 을랑 할머니를 통하여 3남 6녀를 낳아 기르셨다. 18세 과거시험장에 갔으나 한 일합방으로 장원급제의 길을 포기한 채 글방 선생님이 되어 홍익세상을 만들기 위해 노력하시던 중 70세에 뇌경색증으로 보임하셨다. 뜸치료와 부항 요법을 통해 재활단계에 원효도 2살 나이지만 동참하여 항 문파내기 자기자신도 불알을 내 놓고 오줌싸기 좋게 만들어진 사

고려 충선왕이 좋아하는 보석

지바지를 입은 주제에 더럽고 깨끗하고 좋고 나쁘다는 미·추·의식이 없던 3살 어린이 간병 신선이 되었다.

그럼 깨달음이란 무엇인가?

물질 우주를 창조하고 빈틈없이 질서있게 운행하는 하나님

나라는 생명이 내가 인식 할 수 없고, 내가 없는 상이라는 것을 깨닫는 것을 체험으로 확실하게 하는 것을 깨달음이라고 한다. = 내가 없다는 뜻의 의미

　내가 없다는 것은 '나' = 하나님이 1) 모양이 없고, 2)몸이 없고, 3) 나가 없고, 4) 생각이 없으면서 물질 우주를 창조하고 운영하는 전지전능한 생명체라는 뜻이다. 여기서 그럼 선문답 부모 미생전 너는 어디서 왔는가를 물어보라.

정답) 아무말 없이 손가락 하나를 들어보인다.
전지전능한 '나'라는 생명체는 형상 모양이 없고, 몸도 없고 '나'도 없고, 생각이 없으면 '나'가 인식이 안되어 '나'가 없는 전지전능한 생명체이다. 내가 없고 생각이 없으니 당연히 진짜 '나'라는 생명체 하나님은 말을 할 수가 없다.

실험 마네킹 실험 1) '나' 인식되는가 실험, 2) 말을 알아들을 수 없다는 실험, 3) 부모미생전 '나'의 본래면목 '나'는 없다 실험

질문) 부모 미생전 본래 면목이 침묵한 이유는 '나'가 없이 생각이 없으니 말을 할 수가 없었기 때문이다.

선문답 풀기

선문답은 1)은 '나'가 없는 하나님, '나'가 없는 하나님, '나'가 없이 생각이 끊어지고 말이 끊어진 자리는 아는지 묻는 것이다. '나'는 '나'가 없는 하나님이 전지전능 생명체로 살아 있는지를 아는지 묻는 것이다. 모양없고, 몸 없고, '나'가 없고, 생각이 없는 전지전능한 생명체 체험

거울로 확인
모양× 몸× 나× 생각×

정답) 구리선사는 침묵 속에서 손가락 하나를 들어보일 것이다. '나'는 구리 선사가 침묵 속에서 손을 들어보인 이유를 '나' 없는 하나님 '나' 없는 부처가 살아있음을 손가락을 들어 '나' 여기 살아있다고 표현한 것이다.

대균 할아버지께서는 9남매중 4째 아들이었지만 청룡도인 최정환(내게는 증조부) 부친과 경주 이씨 모친의(내겐 증조모) 사랑을 보답하기 위해 물려받은 재산의 절반을 팔아 장례를 성대히 치르고 주변의 어려운 사람을 돌보셨다.

뿐만 아니라 근동 각처의 도인묵객 한의사, 지관, 당골내까지 모두 가족처럼 돌보셨으니 원효는 불알 내놓고 다니는 시절부터 노자, 장자, 공자, 쏘크라테스 형님들과 친구가 되었다.

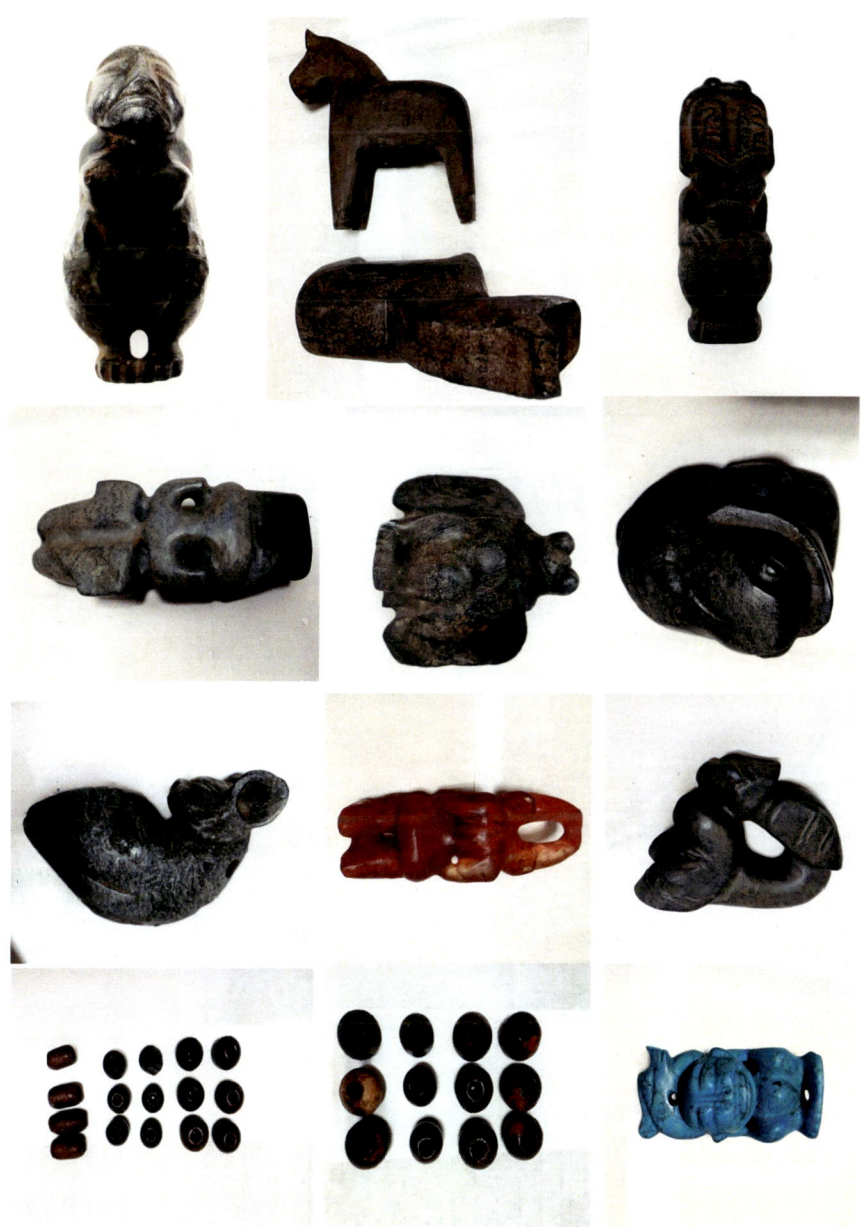

불이법의 두번째 실험

1) 물과 물고기 실험

　전체적인 물 여기서 질문, 물과 물고기가 전체적인 물 -〉진실 -〉 물이 물고기다.
진실 = 물고기가 물이다.

　여기서 질문) 물과 물고기가 같이 붙어 있다면 물과 물고기는 따로 분리할 수 있는가?

정답) 물과 물고기는 따로 분리할 수 없다.

여기서 질문) 물이 물고기로 물고기가 물이다.
　즉, "물과 물고기는 하나다" 라는 말은 틀린 말인가? 옳은 말인가? 하나다 라는 말은 틀린 말인가?

정답) 물과 물고기는 하나다.

물이 아니라 불이법이 맞는 말이다.
　그럼 인간과 하나님 (진짜나 = 부처 = 공)이 하나다, 둘이 아니라는 말에 대해 알아보자.

실/험 1

하나님이 인간이다. = 불이 = 둘이 떨어져 있지 않다.

인간이 하나님이다. = 인간과 하나님이 둘이 떨어져 있지 않다. 그럼 여기서,

질문) 하나님 물 속에 인간이 들어 있다면 하나님이 인간이고, 인간이 하나님이다. 인간과 하나님이 떨어져 있지 않다. 인간과 하나님이 하나라는 말은 옳은 말인가? 틀린 말인가?

정답)

인간 = 하나님, 하나님 = 인간이다는 말은 옳은 말이다. 진실이다. 여기서, 천도교 인내천사상,

질문) 인간이 밖에서 하나님을 찾고, 나를 찾고, 부처를 찾으면, 하나님 = 진짜, 나 = 부처 = 알라 = 시바신을 찾을 수 있는가? 없는가?

정답)

정답 찾을 수 없다.

그럼 불이법=하나님(진짜 나 = 부처 = 알라 = 시바신 인간 인간 −〉 인간이 하나님 (진짜나 = 부처 = 알라 = 시바신

여기서 질문) 인간의 노력으로 밖에서 하나님 부처, 진짜 '나', 알라, 시바신을 찾을 수 있겠는가? 없겠는가?

정답) 찾을 수 없다.

여기서 질문 그럼 태어나고 죽는 가짜 '나'를 조작 수행 하나님 = 부처 = 진짜 나, 알라, 시바신을 찾을 수 있을까? 없을까?

정답) 불가하다.

여기서 질문) 그럼 가짜 '나'가 하나님 부처를 찾는 방법은 무엇일까요?

정답) 분리된 나와 남이 있다는 이분법적 사고, 즉, 가짜 '나'가 죽으면 하나님은 저절로 드러난다. 이 말은 분리된 '나'와 남이 있다고 믿는 가짜 '나' 하느님 = 부처는 가리어 '나'는 누구인가의 진짜 하나님 = 부처를 찾을 수 없다는 말이다.

– 이 말은 가짜라고 조작 수행해서는 절대로 하나님의 부처를 깨달음이 없다는 말이다. 그리고 이 말은 하나님이나 부처를 찾고 깨달으려면 태어나 죽는 가짜가 '나'와 남이 분리되어 있고, 하나님과 인간이 분리되어 있다는 가짜 '나'의 망상에 죽고 가짜 '나'가 죽어야 하나님 부처

를 찾을 수 있다는 말이다.

　내 나이 7세 최대균 할아버지와 5년 째 같은 방을 쓰면서 스승 겸 친구로 지낸 세월이 끝났다.
음력 4월 말 돌아가셨다.
　생과 사는 하나다. 쓰시던 물건들(옷, 이불 등 태울 때 등잔과 등잔대도 태웠다. 등잔을 빨리 숨겼다. 그것이 골동수집의 인연이 되었다.

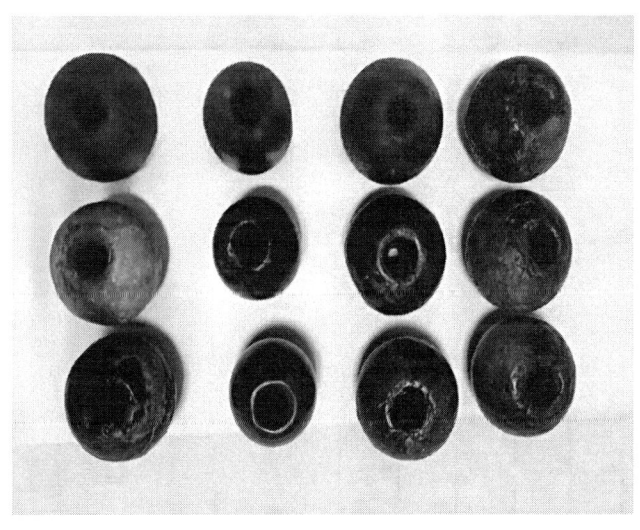

단군조선 신화에서 역사로 증명된 유물들

30분만에 참나 체험하기

30분 만에 참 '나'는 체험하기 위해서, 어떤 무엇 무엇을 내 자유의지를 콘트롤 할 수 있을까? 내 자유의지로 무엇 무엇을 콘트롤 할 수 없다는 개념을 먼저 이해해야 합니다.

먼저 '가위 바이 보' 게임으로 무엇 무엇을 내 자유의지로 콘트롤 할 수 있을까? 무엇 무엇을 내 자유의지로 콘트롤 할 수 없다는 개념을 알아보도록 하겠습니다.

지금 내가 친구 홍길동과 가위 바위 보 게임을 하고 있습니다. 그래서 나는 내 자유의지를 가지고 오른쪽 주먹에게 이번에 주먹을 내라고 명령을 했습니다. 내가 자유의지로 오른쪽 손에게 주먹을 내라고 명령했더니 오른쪽 손이 이번 가위 바위 보 게임에서 주먹을 냈습니다.

여기서 질문) 내가 내 자유의지로 오른쪽 손에게 주먹을 내라고 명령했는데 오른쪽 손이 주먹을 냈다면, 오른쪽 손이 내 말을 들은 걸까요? 듣지 않는 걸까요? 정답 오른쪽 손은 나의 말을 들은 것이다.

여기서 또 질문) 내가 오른 손에게 가위 바위 보 게임에서 이번에 주먹을 내라고 했는데, 오른쪽 손이 나의 명령을 충실히 따라 주먹을 내가 내었다면, 나는 내 자유의지로 오른쪽 손을 콘트롤 할 수 있는 것일까요? 나는 내 자유의지로 오른쪽 손을 콘트롤 할 수 없는 것일까요?

정답) 나는 나의 오른쪽 손을 콘트롤 할 수 있다.

자, 그럼 내가 내 자유의지로 오른쪽 손에게 가위 바위 보 게임에서 오른 손아 이번에 주먹을 내라고 했는데 오른쪽 손이 너의 명령을 안 듣고 싶어 하고, 오른 손이 가위를 냈다면 나는 내 자유의지로 오른 손을 콘트롤 할 것입니까? 오늘쪽 손을 콘트롤 하지 못한 것입니까?

정답) 오른쪽 손을 콘트롤 할 수 있다와 콘트롤 할 수 없다는 개념을 배웠습니다.

그럼 내가 내 자유의지로 무엇 무엇을 콘트롤 할 수 있다. 무엇 무엇을 콘트롤 할 수 없다는 개념을 가지고 30분 만에 살아 있는 참 "나", 진짜 나 하나님(부처, 알라, 비시누, 시바, 공)을 만나는 실험을 해 보도록 하겠습니다. 그럼 내가 "나" 자유의지로 주인의식을 가지고 주체적으로 사물을 보는 것을 콘트롤 할 수 있는지 없는지를 실험해 보도록 하겠습니다. 자, 그럼 여러분들 모두 눈을 감으십시오. 그리고 이렇게 외치십시오. '나는 내 자유의지로 눈은 내꺼니까 내 자유의지로 내 마음대로 합니다. 나는 지금 기분이 나쁘다. "나"는 내가 눈을 떴을 때 내 앞에 보이는게 싫다. 그러니 눈아 내가 눈을 덥을 때 모든 사물아 사라지고 보이지 말아라' 라구요. 이 말은 오른 손에게 주먹을 내라고 명령한 것과 같습니다.

오른쪽 손아, 내가 눈을 감았다 뜨면 오른쪽 손은 주먹을 내도록 해라. 눈을 떴을 때 사물이 사라지면 오른 손이 '나'의 말을 듣고 주먹을 내서 내가 내 눈으로 보이는 결과를 콘트롤 할 수 없다가 됩니다. 하지만 내가 내 자유의지로 사물아 사라지라'고 명령을 했는데 사물이 그대로 보인다면 그것은 내가 가위 바위 보 게임에서 내가 오른손에게 '주먹을 내라' 명령했는데 나는 너의 명령 듣기 싫어 내 오른 손은 너의 명령을 거역하고, 오른손이 하고 싶은데로 할꺼야 즉, 내가 오른손을 컨트롤 할 수 없다가 됩니다. 그러므로 내가 '나' 자유의지에 의해 내가 눈을 감았다 눈을 뜨면 사물이 모두 사라져 보이지 않으리 라고 했는데도 사물이 여전히 보인다면 나는 사물을 컨트롤 할 수 없다가 되는 것입니다.

그럼 여러분들 다시 한번 반복하겠습니다. 지금 여러분들 모두 눈을 감으시고 이렇게 외치십시오. "내 눈은 내 꺼다. 그러므로 나는 내 눈을 내 마음대로 할꺼다. 나는 지금 기분이 몹시 불쾌하다. 그래서 나는 내 눈에게 명령한다. 내 눈아 내가 눈을 감았다 뜨면 모든 사물은 모이지 말고 모두 사라져라! 나는 지금 기분이 나빠 내가 눈을 뜨면 사물이 보이는게 꼴도 보기 싫다." 라구요. 자 그럼 내가 눈을 감았다 뜨면 사물이 사라져 내가 보는 것을 컨트롤 할 수 있는지 없는지를 3

초 후에 확인해 보도록 하겠습니다. (반복) 여러분들 제가 손벽을 치면 모두 눈을 뜨십시오. 손뼉 짝짝짝 자 그럼 여러분들 모둔 눈을 떴습니다. 이제 여러분들 중에 내가 눈을 감았다 떴을 때 사물이 사라진 분은 손들어 주십시오.
사람 10명을 기준으로 하면 사물이 사라져 보이지 않은 사람 0명 통계학적으로 0% 입니다.

자, 그럼 10명 중, 내가 눈을 뜨면 사물이 사라지라고 했는데도, 여전히 사물이 보이는 분은 손을 들어 주세요. 10명 중 10명이 사물이 보인다고 손을 흔듭니다.

눈을 감았다 떴을 때 사물이 보이는 분 10명 중 10명 통계학적으로 100%입니다.

자, 그럼 스스로 자신의 자유의지로 보는 것을 콘트롤 할 수 있는지 없는지의 실험 결과를 알아 봅시다.
우리는 내 자유의지로 눈을 감았다 뜨면 사물이 사라지라고 명령했습니다. 이 말은 내가 오른 손아 이번에 주먹을 내라고 명령해서 오른손이 주먹을 콘트롤 할 수 없다는 개념을 배웠습니다.
자, 그럼 내가 눈을 감고 내가 눈을 뜨면 사물이 사라지라고 명령했는데 사물이 사라졌는지 사라지지 않았는지 결과를 확인해 봅시다

여러분의 존재 차원이 있습니다

실험 결과는 이렇습니다

인원 10명 중 눈을 떴을 때 사물이 사라진다 = 0

눈을 떴을 때 사물이 그대로 보였다 = 10명

숫자	0	10
통계학	0	100%
내말을 듣지 않고 가위를 내		내명령대로 내 맘대로 주먹을 냈다 콘트롤 할 수 있다.
결론 나는 내 자유의지로 보는 것을 하루 콘트롤 할 수 없다.		

내가 내 자유의지로 내눈에게 내가 눈을 감았다 떴을 때 사물아 꼴도보기 싫으니 모두 사라지라고 명령했는데 결과는 10명의 실험자 중 10명 모두 모든 사물이 보여 나는 사물을 콘트롤 할 수 없다가 실험결과 100%로 나왔습니다. 이 말은 내가 오른손에게 주먹을 내라고 했는데 가위를 내서 오른손이 나의 명령을 기억해 나는 오른손을 콘트롤 할 수 없다와 같은 결과를 말하는 것입니다.

자, 그럼 나는 지금 이 순간 이후로 내가 내 자유의지를 보는 자격은 박탈 당했습니다.

그럼, 나는 내 눈으로 내 스스로 사물을 본다는 ×표 지우십시요. 내가 내 스스로 실험에 의해서 나는 내 자유의지로 사물을 본다는 자격을 박탈시켰는데 아주 이상하고 희안할 일이 일어납니다.

여러분 각자 스스로 확인해야만 살아있는 하나남을 직접 만나실 수 있습니다.

자, 나는 지금 내 스스로 보는 자격을 박탈시켰는데 내 의지와 상관없이 눈 앞의 사물이 다 보이는 희안한 일이 지금 일어나고 있습니다.

자, 여러분 질문하십시오.

나는 내 자유의지로 노는 것을 콘트롤 할 없어 나는 보는 자격을 스스로 박탈해서 내가 보는게 아닐텐데 지금 저절로 보는 놈 하나 있지요.

사랑하는 여러분 나와 상관없이 지금 보는 놈이 누구일까요?

지금 나의 의지와 상관없이 보는 놈이 바로 진짜 나 모양도 없고, 몸도 없고, 나도 없고, 생각도 없는 '하나님' 이십니다.

자, 그럼 하나님은 내가 없다.

내가 없다 내가 본다는 생각없이 사물을 볼 수 있는지 지금 한번 확인해 봅시다.

여러분! 이제부터 나를 지우십시요. 그리고 내가 사물을 봐야지 하는 생각을 내려놓으십시오.
어떻습니까?!

내가 의도하지 않고 내 생각이 개입이 안되도 살아서 지금 저절로 보는 놈 하나 있지요. 그 존재가 바로 하느님입니다!

나 개입	0%	나 없이
나의 생각 개입	0%	나의 생각없어

─〉 저절로 보는 놈이 = 그놈이 진짜로 하나님이다.

자, 그럼 여러분은 지금 하나님을 직접 만났고, 하나님은 직접 찾았고 경험했습니다.

그럼 제가 여기서 질문 하나 드리겠습니다.

(반복) 여러분 보는 것이 내가 보는게 아니고, 하나님이 보는 것이라면 하나님은 나와 함께 있습니까? 아니면 하나님은 밖에 계십니까? 물론 하나님은 늘 나와 24시간 일년 365일 내가 태어나 죽을 때까지 나와 같이 동행하십니다.

하지만 하나님이 나를 볼 수 있도록 하다고, 심장을 뛰게 하고, 피를 돌리고, 내가 먹은 음식을 소화시키게 해 나를 살리시지만 하나님은 내가 너를 살리고 있으니 나에게 감사하라는 말은 한 번도 한 적이 없습니다.

여러분! 그러니 하나님이 왜 인간사에 간섭을 하지 않

을 이 지점에 사유해 봅시다. 그것은 하나님은 내가 없고, 생각 판단을 하지 않기 때문입니다.

기독교인은 기독교 인간 하나님이 심장을 뛰게 주관하시는 것이기에 다른 사람, 다른 마귀들은 심장을 뛰지 않게 하면 기독교인의 세계가 완성될 수 있는데, 왜 하나님은 천주교와 불교와 이슬람인 힌두교인 다른 종교인들의 심장도 평등하게 뛰게 하는 것일까? 의문을 품어볼 수 있습니다.

하나님이 기독교인만이 아닌 다른 종교인들의 심장을 뛰게 하는 건 하나님은 나는 없고, 생각이 없어 나는 기독교인이다는 한 생각을 내지 않으시기 때문입니다. 하나님이 평등할 수 있는 건 인간들에 대한 불이법 비교 판단을 하지 않는다는 말씀입니다.

자, 그럼 여러분들은 가위 바위 보 게임으로 내가 오른손을 콘트롤 할 수 있다.

오른 손은 콘트롤 할 수 없다는 개념을 가지고 내가 내 자유의지로 듣는 것을 콘트롤 할 수 있는지, 없는지를 실험해 보도록 하겠습니다. 자, 그럼 여러분들 나를 따라 해 보시오.

나는 지금 나의 내 귀를 내 마음대로 콘트롤 할거다. 나는 지금 기분이 몹시 나쁘다. 내가 지금부터 소리 듣는 게 싫다. 그러므로 지금부터 소리가 나더라도 절대 듣지 않겠다.

나는 내 귀를 내 마음대로 할거다. 내 귀 한테 명령하느니 지금부터 소리가 나도 소리야 들리지 말아라.
여기서 소리가 들리지 않으면 주먹 콘트롤 할 수 있다. 하고 소리가 들리면 가위 콘트롤 할 수 없다고 하는 것입니다.

자, 여러분 모두 눈을 감으십시오.

3초 손벽 세번 치면 종을 치겠습니다. 그리고 오른손에 종소리가 들리는지, 들리지 않는지 확인해 보도록 하겠습니다. 여러분들 모두 눈을 감고 가만히 종소리가 들리는지 들리지 않는지 집중해서 들어 보십시오. 그림 제가 종을 세 번 치겠습니다. 그리고 제가 하나 둘 셋하면 모두 눈을 뜨시겠습니다.

지금 여러분들은 내 귀니까 내 마음대로 할 거야, 나는 기분이 나빠서 나도 소리가 나의 귀를 절대로 듣지 않을 꺼야. 그럼 우리가 종을 세 번 더 쳐 보겠습니다.

그럼 확인 들어갑니다. 여기 5명 중 종소리가 들리지 않는 분, 손 한번 들어봐 주십시오? 0명, 그럼 5명중 종소리가 들린 분들 손들어 주십시오? 손든 분 5분.

인원 5명 중, 소리가 들렸다. 소리가 들리지 않았다.

	소리가 들렸다.	소리가 들리지 않았다.
나 개입	5명	0명
통계	100%	0%
나는 소리를 컨트롤 할수 없다.	나는 소리를 콘트롤 할 수 있다.	
통계	100%	0%

이에 내가 내 귀는 내 자유의지로 들을 수 있고 없고를 제어하는지 없는지 실험 결과는, 소리를 콘트롤 할 수 없습니다.

소리가 내 말을 듣지 않는다가 5명중 5명 통계학으로 100% 내가 소리를 콘트롤 할 수 있다. 주먹을 내라 했을 때 주먹낸 확률이 0명 통계확률으로 0%였습니다. 자 그럼 나는 지금 소리를 듣는 자격을 박탈 당했습니다. 이 말은 나는 지금부터 소리를 들을 수 없습니다. 그럼 지금부터 제가 종을 세번 쳐보겠습니다.

지금 내가 소리를 들을 수 없는데 지금 소리를 저절로

듣는 놈이 하나 있지요?

  여러분! 그 놈이 누구일까요? 나는 소리를 듣지 못하는
데 나의 의지와 상관없이 살아서 소리를 듣는 놈, 그 2분
이 바로 하나님입니다.

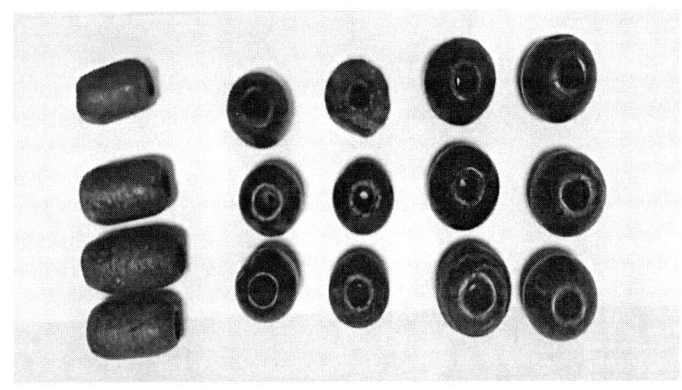

단군조선 신화에서 역사로 증명된 유물들

  그러나 여러분 이제부터 살아있는 하나님이 어디 있는
지 궁금하시면 작은 종을 가지고 다니면서 흔들어 보십시
오. 그러면 여러분들은 살아있는 하나님이 내가 사막의
골짜기를 지날지라도 나와 함께 한다는 의미를 알 것입니
다. 이것을 불교에서는 소리로 살아있는 하나님 부처님을
만난다고 해서 이근원통 깨달음이라고 칭합니다.

이제 그럼 내가 오른손을 콘트롤 할 수 있다 없다는 개념을 가지고 내가 내 자유의지로 냄새 맡는 것을 콘트롤 할 수 있는지 없는지를 실험으로 한번 알아보도록 하겠습니다. 자, 그럼 여기 준비물과 향수를 하나 가지고 나왔습니다.

이 향수를 여러분들에게 뿌리면 내가 내 자유의지로 냄새 맡는 것을 콘트롤 할 수 있는지 없는지를 실험해 보도록 하겠습니다. 자, 그럼 여러분 모두 눈을 감으십시오.

그리고 제 말을 따라 하십시오. 나는 내 코는 내꺼니까 내 마음데로 콘트롤 하겠다. 나는 지금 기분이 몹시 나쁘다. 그러므로 나는 내 자유의지로 내 코에 명령한다. 내 코야 지금 이 순간부터 어떤 냄새가 나도 냄새를 맡지 마라. 자, 그러면 제 향수를 여러분 모두에게 뿌려 보겠습니다.

자, 그럼 제게 손뼉을 세 번 치면 눈을 만져서 향수는 뿌렸는데 냄새가 나는지 나지 않았는지 손을 들어 의사를 표현해 주십시오. 자 나는 내코로 냄새를 맡지 않겠다고 명령했는데 냄새를 맡지 못하신 분은 손들어 주십시오.

냄새를 맡지 못한 분	0명	0명
통계학적으로	0%	
그럼 향수를 뿌렸을 때 냄새를 맡은 분 손들어 주십시오.		
5명중 5%	통계학적으로 100%	

내가 내 코로 냄새를 맡을 수 있는지 없는지의 결과를 발표 하도록 하겠습니다.

나는 내 코로 내 자유의지로 냄새를 콘트롤 할 수 없다가 실험결과 100%로 나와서, 나는 냄새 맡는 자격에서 탈락하였습니다. 나는 내 자유의지로 냄새를 맡을 수 없는 것입니다.

자, 그럼 여러분들께 다시 향수를 뿌려보겠다. 나는 냄새를 맡는 자격에서 탈락했는데 지금 냄새를 맡고 있는 살아있는 그 놈은 누구일까요? 의지와 상관없이 저질로 냄새를 맡는 놈이 바로 하나님 부처 내가 없는 진짜 나입니다.

그럼 냄새를 저절로 맡는 하나님은 왜 인간들에게 내가 냄새를 맡게 해주는데 너희들은 왜 나에게 감사하지 않느냐? 따진적이 있는가? 없습니다.

왜 하나님은 인간들에게 감사를 강요하지 않을까? 하나님은 형상이 없고, 내가 없고, 몸도 없고 생각이 없기 때문에 하나님은 인간사를 비교 판단하지 않기 때문에 인간들에게 감사를 강요하지도 않는 것입니다.

그러므로 하나님이 인간사에 간섭을 하고, 충고는 주고 심판을 한다고 주장하는 목소리들은 것이 모두 (입장) 사이비가 되는 것입니다. 그러므로 우리들은 지금 현재의 종교에서 오늘날 종교가 하나님이 인간사에 간섭을 한다고 가르치는지 냉철하게 점검하고 분석해 보아야 할 것이다. 그것이 바로 사이비 종교에 속지 않는 길입니다.

나는 내 오른손을 콘트롤 할 수 있다. 없다는 개념을 가지고 내가 내 혀로 맛보는 것을 콘트롤 할 수 있는지, 없는지, 실험으로 알아보도록 합시다. 자, 그럼 여러분들 모두 눈을 감고 나의 말을 따라 하십시오. 내 혀와 나는 내 혀를 내 자유의지로 내 맘대로 제어해 보겠다.

'내 혀야, 내가 지금 명령한다. 지금 내가 저녁으로 비타민C를 먹어도 절대로 신맛을 느끼지 말아라.'
여기서 혀가 신 비타민C를 먹어도 신맛을 느끼지 않으면 오른손이 주먹을 내고 내 의사, 말을 듣는 것이 됩니다.

하지만 신 비타민C를 먹었는데 신맛을 느낀다면 그건 오른손이 가위를 내, 내가 내 혀를 콘트롤 할 수 없게 되는 셈입니다. 자, 이제 눈을 떠 보십시오. 그리고 다시 내 말을 따라 하십시오. '나는 지금 기분이 몹시 좋지 않다. 그래서 나는 내 혀에게 명령한다. 신 비타민C를 먹어도 절대로 내 혀로 신맛을 느끼지 마라!' 자, 여러분들 비타민c 를 뜯어 입에 넣고 눈을 감으십시오.
제가 손벽을 세번치면 눈을 뜨십시오-〉 자 손벽을 세 번 친다. 눈을 떠서 비타민의 신맛을 느끼신 분 몇 명인지 손을 들어주십시오.

비타민 C 신맛을 느껴서 손드신 분	5명
통계학	100%

비타민 C 신맛 전혀 못느끼신 분 있으시면 손을 들어 주십시오.

-〉 비타민C 먹고 신 맛을 전혀 못느끼신 분	0명
통계학	0명

나는 내 혀로 맛을 통제하는데서 자격을 박탈 당했다. 그리하여 나는 혀로 맛을 볼 수 없다. 그런데 내가 혀로 맛을 볼 수 없는데 지금 비타민C를 먹으면 저절로 신맛을 느끼는 놈이 하나도 없지 않은가? 그렇다면 내 자유의지와 상관없이 저절로 신맛을 느끼는 이놈은 누구인가?

이 놈이 바로 하나님 부처 진짜 나입니다. −〉

자, 그럼 내 자유의지와 상관없이 맛을 느끼는 하느님이 '인간아, 내가 너의 혀를 통해 맛을 느끼게 해줘 너는 하나님에게 매일 감사해야 한다'고 하시는 이야기를 들어본적이 있는 분 손 들어 보세요.

그러니 하나님이 인간에게 감사를 하지 않으면 심판을 한다고 주장하는 종교가 있다면 그 종교는 바로 사이비입니다.

자, 오른 손을 내 자유의지로 콘트롤 할 수 없다. 할 수 없다의 개념을 가지고 내 피부는 나의 자유의지로 느끼는 것을 자유롭게 콘트롤 할 수 있는지 없는지를 한번 실험해 증명해 봅시다!

자, 여러분도 모두 눈을 감고 나의 말을 따라해 보라! 나는 지금 기분이 몹시 좋지 않다. 그러므로 나는 내 피부에게 명령하노니, '손과 손으로 내 손바닥을 내리쳐도 절대로 감각을 느끼지 마라!' 자, 그리고 나서 여러분들 모두 눈을 뜨시고 효자손으로 자기 손을 내리 치십시오. 여기서 손과 손으로 손바닥을 쳐도 감각을 느끼지 못한 분은 주먹 내지, 피부 느낌은 콘드톨 할 수 있다가 되는 겁니다. 그리고 내 손바닥에 효자손을 내리쳤는데 손바닥에 감각을 느끼신 분이 계신다면 가위, 나는 내 자유의지로 손바닥을 컨트롤 할 수 없다고 증명되시는 겁니다.

자, 그럼 5명 중 손바닥에 손과 손을 내리쳐 손바닥에 충격을 주었는데 손바닥에 감각을 전혀 느끼지 못했다는 은 손들어 주십시오.

단군조선 신화에서 역사로
증명된 유물 운석

손바닥에 감각을 전혀 느끼지 못한 분	0명
비그림 효자손을 손바닥에 내리쳐 충격을 주었을때 그 충격을 느끼신 분 손들어 주세요.	
손바닥에 감각을 느끼신 분	0명
통계학	100%

나는 네 피부 감각을 콘트롤 하지 못해 나는 피부 감각을 느끼는 자격을 박탈 당했다. 그리하여 나는 피부 감각을 느낄 수 없다. 하지만 여러분 효자손을 들어 손가락을 내리쳐 보라. 어쩔수 없이 본능적으로 지금 나의 의지와

상관없이 손바닥 피부 감각을 느끼는 한 놈이 있지 않는
가?
그럼 그 놈은 누구인가요?

나의 의지와 상관없이 피부의 감각을 느끼는 그놈이 바로
하나님 부처 진짜 나입니다. 그럼 하나님이 내 피부 감각
을 느끼게 해준다고 '인간아 내가 피부감각을 느끼게 해
주었으니 나 하나님에게 아침 점심 저녁으로 감사해'라는
말을 들어보신 분은 있으면 손들어 주세요.

하나님이 내 피부 감각을 살아 있게 해 주니 하나님께 감사하다는 말을 들어본 분	0명
통계학	0명
내 피부 감각을 느끼게 해주신 하나님이 감사하라는 말을 하지 않았다.	5명중 5명

그러므로 하나님은 내 피부의 감각을 살아있게 해 주시지
만 인간에게 감사는 강요하지 않으신 것입니다. 그러므로
하나님이 인간사에 간섭하거나 하나님이 인간을 심판한다
는 것은 새빨간 거짓말로 하나님이 인간을 심판하거나 인
간사에 간섭한다는 주장을 하는 종교는 사이비입니다.
자, 그럼 지금까지 실험한 것을 종합해 보십시오.

하나님이 살아계신 것일지, 인간 물질 형상이 살아 있는지 실험을 통해 알아봅시다.

하나님과 인간 둘 중 하나는 살아있고 하나는 죽어 있습니다. 그리고 살아있는 놈이 진짜 나이고, 죽어 있는 놈은 가짜 나입니다.

하나님이 살아 있는지 인간이 살아 있는지 누가 살고 누가 죽어 있는지를 알아보기 위해서는 하나의 내념을 알아야 합니다.

내가 자동차 정비 1급 정비사를 따려고 할 때 정비사가 자동차 부품에 대해서 전문적으로 잘 아는 사람에게 자격증을 줄까? 아니면 자동차 부품에 대해서 기능을 잘 모르는 데도 자격증을 주는지에 대해서 한번 생각해 보라.

질문) 내가 자동차 정비사 1급을 따려고 하는데 자동차 부품에 대해서 잘 아는 사람에게 자동차 정비 1급 자격증을 줄까요. 아니면 자동차 부품에 대해서 모르는 사람에게 자동차 정비 1급 자격증을 줄까요?

정답) 자동차 정비 1급 정비사 자격증은 자동차 부품에 대해서 정확히 아는 사람에게 정비사 자격증을 줍니다.

자, 그럼 내가 내몸 1급 정비사 자격증을 딸려고 한다고 가정해 봅시다.

내 몸은 100조 개의 세부 부품으로 이루어져 있습니다. 그럼 "내 몸이다"의 정의에 대해 알아봅시다.

내 몸이 되려면,

1) 나는 내 몸의 부속품 100조개의 세포의 기능을 알아야 합니다.
2) 100조 개의 세포 부품 기능을 알고, 이 100조 개의 세포의 면역 기능을 알아 조화롭게 운행할 줄 알아야 합니다. 그럼 1번 분께 묻겠습니다.

세포 100번 기능에 대해 정확히 말해 보십시오. 모릅니다! 2번 분의 세포 1만 번 기능애 대해서 정확히 말해 보십시오. 자, 그럼 여기서 질문 지구인 중에 내 몸 세포 기능 100조 개의 기능을 1번에서~100조 개까지 정확히 아는 분이 있을까요?

정답) 없다! 만약에 인간중에 자기 몸의 세포기능 1억~100조개까지 정확히 아는 분을 데려오시면 제가 살고 있는 10억짜리 아파트 바로 드리겠습니다.

손가락을 들어 올려 하나님 부처님이 살아 있음을 표현하는 것이다.

질문) 뜰 앞에 잣나무

정답) 침묵 속에서 책상을 쳤다. 질문 뜰 앞에 잣나무 토요일입니다.

엉뚱한 대답을 해 생각이 깊어진 자리 생각이 따라올 수 없게 말하는 것이다.

하나님 저 진짜 나 공이 내가 없다는 말은 무슨 의미인가 내가 없다. 불이법은 '둘이 아니다'를 이해하려면 불이법의 반대, 상대성을 먼저 이해해야 합니다. 그럼 시험으로 상대성이 시 무슨 의미인지 한번 알아보도록 합시다. 그럼 먼저 준비를 효자손 준비물 효자손과 사인펜으로 일단 길다와 짧다가 어떻게 의미가 부여되는지 한번 알아봅시다. 사인펜 여러분들은 효자손과 사인펜 중 어떤게 긴 것인지 알아맞추어 보십시오. 정답 효자손이 길다.

질문) 여러분들은 효자손이 길다는 것은 어떤 것을 비교해 보고 알았습니까?

정답) 효자손 사인펜을 비교해 보니 사인펜이 작다는 것은 기준점으로 효자손이 사인펜보다 길다는 감을 잡아 효자손이 길다는 것을 알았습니다. 그럼 여기시 질문 짧다는 기준점 사인펜이 없이 효자손 혼자 있으면 효자손은 짧은 겁니까? 긴 겁니까?

정답) 효자손만 있으면 짧다는 기준점이 없으므로, 효자손이 긴 것인지 알 수가 없습니다. 그러면 효자손이 하나만 있다면 효자손은 길다는 것이 있는 것입니까? 길다는 것은 없는 것입니까?

정답) 길다는 것을 모른다는 것이 길다는 게 없다는 의미입니다. 나와 남이 어떻게 표현할 수 있는지 한번 살펴봅시다.

그럼 성경에 시편 23장 4절을 살펴 하나님이 늘 나 인간과 동행하는지 안하는지 알아보자.
시편 23장 4절 내가 사망의 음침한 골짜기로 다닐지라 해도 하나님께서 나와 함께 하심이라 하나님의 땅이요.
막대기가 나를 안위 하시나이다.
사랑하는 여러분이 내가 사망의 음침한 골짜기를 지날 때 하나님은 어디 계실까요?

내가 사망의 음침한 골짜기를 지날 때
하나님은 나의 눈으로 보고 듣고, 코로 냄새 맡고,
혀로 맛을 보고, 피부로 느끼며 동행하는 겁니다.

사랑하는 여러분!
하나님은 내가 살아있게 하는 제일 원인으로 내 몸 세포 백조 개 기능을 모두 알고 백조 개의 세포를 연계 작용하여 나를 보게 하고, 듣게하고, 냄새 맡고, 맛보고, 느끼게 하며 몸이 살아 있도록 여건을 조정해 내어 자유의지가 없는 몸 멍텅구리가 살아있는 것처럼 보이는 것입니다.
정말 내 몸은 진짜 "나" 태어나지도 죽지 않은 몸일까요?
가짜 "나" 방법이고, 늙어죽는 것일까요?

정답) 몸은 내가 아닙니다.

그러므로, 보는 "나"라고 말하고 있는 종교는 모두 사이비입니다.

자, 그럼 5명 중 손가락에 손과 손을 내리쳐 손바닥에 충격을 주었는데 손바닥의 감각을 전혀 느끼지 못했다는 분 손 들어주십시오.

손바닥의 감각을 전혀 느끼지 못한 분	0명
통계학	0%
손과 손이 손바닥에 있는 저 충격을 주었을 때 그 충격을 느끼신 분은 손늘어 주세요. 첫 바닥의 감각을 느끼신 분	5명
통계학	100%

나는 내 피부 감각을 컨트롤하지 못해 나는 내 피부감각을 느끼는 자격을 박탈당합니다.

그리하여 나는 피부감각을 느낄 수 없다. 자 그림 여러분 다시 효자손을 들어 손바닥에 내리쳐 보라. 지금 나의 의지와 상관없이 손바닥 피부 감각을 느끼는 한 놈이 있지 않은가요?

그럼 그놈은 누구인가요. 내 의지와 상관없이 피부에 감각을 느끼는 그놈이 바로 하나님 부처 진짜 나입니다. 그럼 하나님이 내 피부 감각을 느끼게 하는 건 하나님이 인간과 내게 피부 건강을 느끼게 해주었으니 나 하나님의 아침 점심 저녁으로 감사해 하라는 말은 들어보신 분 있으면 손들 들어주세요. 하나님 내 피부 감각을 살아있게 해 주는 하나님께 감사하라는 하나님의 말을 들어본 분 0명 내 피부 감각을 느끼게 해 주신 하나님이 감사해 하라는 말을 하지 않았다.

5명 중 5명 그러므로, 하나님이 내 피부의 감각을 살아 있게 해 주지만 인간에게 감사하라는 강요는 하지 않으십니다. 그러므로, 하나님이 인간사에 간섭하거나 하나님이 인간을 심판한다는 말은 새빨간 거짓말로, 하나님이 인간을 심판하거나 인간에게 간섭한다는 주장을 하는 종교는 사이비입니다. 자, 그럼 지금까지 싫어한 것을 종합해 보시라. 하나님이 살아 있습니다. 인간 물질 형상이 살아 있는지 실험을 통해 알아봅시다. 하나님과 인간 중 하나는 살아 있고 하나는 죽어 있습니다. 그리고 살아있는 놈이 진짜 나이고, 죽어있는 놈이 가짜입니다.

하나님이 살아 있는지 인간이 살아있는지 누가 살고 누가 죽어있는지 알아보기 위해 하나님의 개념을 알아야 합니다. 내가 자동차 정비 1급 정비사를 따려 할 때 정비사가 자동차 부품에 대해서 전문적으로 잘 아는 사람에게 자격증을 줄까요, 아니면 자동차 부품에 대해 기능을 잘 모르는 사람이 자격증을 줄까요 이에 대해 한번 알아봅시다.

질문) 내가 자동차 정비차 1급을 따려고 할 때 자동차 부품에 대해 잘 아는 사람에게 자동차 정비 1급 자격증 줄까요? 아니면 자동차 부품에 대해서 모르는 사람에게 자동차 정비 1급 자격증을 줄까요?

정답) 자동차 정비 1급 정비사 자격증은 자동차 부품에 대해서 정확히 아는 사람에게 자동차 정비사 자격증을 줍니다. 자, 그럼 내가 내 몸 1급 정비사 자격증을 따려고 합니다. 가정을 해 봅시다.

내 몸은 100조 개의 세포 부품으로 이루어져 있습니다. 그럼 내 몸이 나의 정의에 대해서 알아봅시다 내 몸이 되려면 내 몸 속 몸의 부품을 100 쪽의 세포 기능을 알아야 합니다. 100 쪽의 세포 기

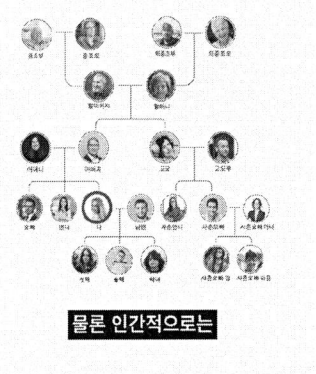

능 세포 부품 기능을 알고, 이 100조 개 세포의 면역기능을 알아 조화롭게 운행을 할 줄 알아야 합니다. 그럼 1번 분께 묻겠습니다. 세포 백번 기능에 대해 정확히 말해 보십시오. "모릅니다." 2번 분의 세포 1만개 기능에 대해서 정확히 말해 보십시오. "모릅니다." 3번 분, 세포 10만 번 기능에 대해서 정확히 말해 보십시오……

자, 그럼 여기서
질문) 지구인 중 내 몸 세포 기능 백조 개의 기능을 1억에서 100조 개까지 정확히 아는 분이 있을까요?

정답) 없습니다. 만약 인간 중에 자기 몸 세포 기능 1억에서 100조 개까지 정확히 아는 분을 오게 하면 제가 살고 있는 십 억짜리 아파트를 바로 드리겠습니다.

자, 그럼 여기서
질문) 내가 내 몸 100조 개의 세포의 기능을 모른다면 나는 살아남을 수 있을까요?
아니면 살아남는 게 불가능할까요?

정답) 살아남을 수 없습니다.
여기서

질문) 내가 내 몸 세포 백조 개의 기능을 몰라 사라지지 않으니까 "나"는 내 자유 의지로 태어난 적이 있을까요?
아니면 난 태어난 적이 없는 겁니까?
정작 "나"는 태어난 적도, 살아 있는 적도, 존재한 적도 없습니다.

내가 주인 의식을 가지고 스스로 존재할 수 없는 이유는 무엇인가요?

당신 내가 존재하려면, 당신 세포 백조 개 부품 기능을 모두 알고, 당신 스스로 당신 100조 개의 세포는 스스로 살아있게 하십시요. 그렇게 해야 당신이 태어나는 게 가능합니다. 당신이 던진 백조 개 세포 100조 개는 기능을 모르므로 당신 세포는 죽어있다면 당신 100 쪽의 세포가 모두 죽어있는데, 그렇게 당신이 세포 백조 개의 기능를 몰라 세포가 모두 죽었다면 당신 세포는 지금 죽어있는 것인가요, 살아있는 것인가요?

정답) 외부의 개입이 없다면 당신 세포는 죽어있는 것입니다. 어떻게 당신이 생존할 수 있을까요? 그러므로, 당신은 외부의 도움이 없다면 죽어있는 것입니다.

세포 기능을 그럼 여기서
질문) 당신이 당신대로 백조 개의 기능을 모르는데 당신이 살아있는 것 내 백조 개 세포의 기능을 정확히 알고 백조개의 세포의 면역 기능도, 면역 기능을 통해 지금 살아있는 게 하는 외부에 어떤 놈이 있다는 것인데 '나'의 세포는 모두 살려 '나'를 살아있게 하는 그놈이 누구인가요?

정답) 내 몸 백 조의 세포 기능은 정확히 알고 백조의 세포 면역 기능을 통해 나는 살리는 그 분은 바로 하나님, 부처님 진짜 '나' 입니다.

여기서
질문) 그럼에도 물질 유지는 자기 스스로 자기 세포의 기능을 100% 알면, 자기 스스로 살아남을 수 있을까요? 없을까요?

정답) 이 물질 우주에 외부의 도움 없이 100프로 자기 능력으로 살아 갈 수 있는 생명체가 하나도 없습니다.

질문) 그럼 물질 우주는 죽어있는 것인가요?
스스로 살아있는 것인가요?

정답) 물질 우주는 완벽하게 스스로 살아갈 자유의지가 없이 죽어있는 것입니다.

그럼 이 우주에서 진짜로 살아있는 놈은 누구인가요?

이 우주에서 전지전능하게 스스로 임하는 형체 없고, 몸도 없고, "나"도 없는 거울 허공, 내가 없는 하나님 부처님 진짜 "나" 뿐입니다.

그럼 나는 살아있을까요, 죽어 있을까요?
죽어있는지 강아지 인형을 가지고 실험을 해 봅시다?

질문) 나는 내 몸에 자유의지로 백조개 세포에 전기를 넣고 백업을 자유자재로 할 수 있을까요? 할 수 없을까요?

정답) '나'는 내 몸에 자유자재로 에너지를 넣었다 뺐다 주체적으로 할 수 없습니다.
그럼 '나'는 내 몸의 에너지는 주체적으로 넣었다 뺐다 할 수 없는데 지금 내 몸에 전기가 들어와 살아있는 것인가요? 살아있게 한 것은 어떤 놈이 하는 것인가요?

그리고 지금 내 몸에 전기를 넣고 나를 살아있게 하는 그 놈은 누구인가요?

정답) 내 몸에 전기를 넣은 과정에서 박탈당했을 때 지금 전기를 넣고 살아있는 것과 내가 죽어있는지 살아 있는지 직접 체험을 해봅시다.

여기 강아지 인형이 있습니다.

인형에 건전지를 넣어 스위키는 켜봅시다.

그럼 강아지는 살아 있는가, 죽어 있는가, 정작 강아지 인형은 살아 있습니다.

그럼 강아지 스스로 건전지는 넣어서, 아님 건전지는 빼고 강아지를 움직여서 명령해 봅시다.

질문) 강아지 인형에서 배터리를 빼면 강아지 인형은 살아있는지? 죽었는지요?

정답) 죽어 있습니다.

질문) 내가 내 몸에 전기를 넣을 수 없다면 지금 누군가 넣은 전기를 외부에 누군가가 빼봅시다.

그럼 내 몸에서 전기는 빼면 '나'는 살아있는 것인가? 죽어 있는 것인가? '나'는 죽어 있다. 결론 당신은 지금까지 죽어 있었지 산 적이 없었다.

단지, 외부에 누군가가 전기를 넣어주어 살아 있는 것처럼 보일 뿐입니다.

질문) 그럼 내가 죽어 있다면 물론 외부의 개입이 없다면 살아있는 것인지? 죽어 있는지요?

정답) 죽어있습니다.

모든 우주는 한 번도 태어난 적이 없습니다.

단군조선 신화에서 역사로 증명된 유물

〈분리는 없다. 모두가 나다〉

이제부터는 이원성에서는 분리는 없다.

모두가 나라는 진실에 대해 체험으로 공부를 해 봅시다.

일단 분리의 정의를 알아봅시다.

분리의 정의

1) 모양이 다르다

2) 위치가 다르다

3) 모양과 위치가 다르므로 따로따로 나타난다

우리는 인간과 나무가 서로 다른 존재인 이유에 대해 1대로 모양이 다르니까?

나무는 인간이 아니라고 인식합니다.

그리고 우리는 인간이 다른 사람 다른 사물을 내 몸에 중첩시키지 않고 위치가 다르기에 나와 뇌 밖의 상태는 다르다고도 느낍니다.

그러면 내가 눈을 감았다 뜰 때, 사물이 모양과 위치가 달라 따로 따로 나타나는지 분리가 없어 한 번에 통으로 나타난 시험을 해 보도록 합시다.

일단, 내 앞에 보도블록 그림이 있는데 그 보도블록이 따로따로 순서대로 나타나는지 통으로 나타나는지 실험을 해 보도록 합시다.

자, 여러분들 모두 눈을 감으세요.

손뼉을 세 번 치면 눈을 떠서 눈앞에 보도블럭이 따로따로 나타나는지 통으로 나타났는지 확인해 보겠습니다.

자, 여러분이 눈을 감았다 떴는데 보도블록이 따로 따로 나타난 사람 손들어 보세요. 그럼 여러분들이 눈을 감았다. 떴는데 보도블록이 통으로 나타난 사람 손들어 보세요.

그럼 여기서 보도블록이 나타나는데 보도블록 분리 경험한다.

도블록이 나타나는데 보도블록 분리 경험한다.	0%
보도 블랙의 불리 없음 전체는 경험한 사람	100%

자, 그럼 내가 소나무 한 그루를 보고 있는데, 소나무와 위치의 모양이 달라 따로따로 나타난다는 소나무 한 그루가 내 눈앞에 표현하며 얼마나 걸릴까요?

소나무 잎은 하나하나 위치가 다릅니다. 그러므로, 소나무의 한 그루가 출연하려면 소나무의 솔잎 하나하나 따고 출연해야 합니다. 그러면 소나무 한 그루가 분리되어 있어 따로따로 출현하려면 아마 소나무 한 그루 출현 하는데 두 세 시간 이상 걸릴 겁니다.

그럼 소나무 한 그루가 출현하는 데 분리가 있어 실제로 두 세 시간 이상 걸리는지 분리가 없어 소나무 한 그루가 훈련하는데 시간이 전혀 걸리지 않는지 경험해 봅시다.

여러분 모두 눈을 감으십시오. 그리고 눈앞에 소나무 가지를 보고 소나무 가지가 내 눈 앞에 출현하는데 얼마나 시간이 걸리는지 손뼉 세 번 치면 눈을 떠서 바로 확인해 보겠습니다.

소니무 솔잎이 따로따로 나타닌 분 있으면 손들어 주십시오	5명 중 10명
통계학	0%
그럼 여러분들이 눈을 감았다. 떴는데 보도블록이 통으로 나타난 사람 손들어 보세요	다섯명중 5명

통계학	100%
그럼 소나무 가지가 눈 뜨면서 동시에 나타난 분 손 들어 주세요.	다섯명중 5명
통계학	100%

자, 이젠 우리가 분리를 따로 경험하지 않는지 장면을 남산타워 꼭대기로 옮겨서 확인해 봅시다.

내가 남산타워에서 서울 시내 전경을 바라보고 있습니다. 만약 분리가 사실이면 내가 눈을 감았다. 떴을 때 남산타워가 서열 전경에 나타나는데에 시간은 총 얼마나 걸릴까요?

그런 분리의 정의가 무엇인지 다시 돌아가 봅시다. 분리 정의 모양이 다른 거나 위치가 다른 이 분리돼 있으므로 따로따로 나타난다.

만약 내가 남산 타워에서 분리현상이 있는지 확인하러 남산타워에서 눈을 감았다 떴을 때, 분리가 사실이라면 남산타워에서 시내 전경이 나타나는데 아마 100년도 더 걸릴 겁니다.

그러면 나는 남산타워에서 서울시 전경을 보려다가 늙어 죽는 것입니다.

그런데 실제로 저 남산타워에 가서 눈을 감았다가 눈을 떠서 서울 시내 전경을 한 번 보겠습니다.

자, 제가 눈을 떠서 남산타워에서 눈을 떠 서울시의 전경을 보니, 전경이 눈을 뜨면서 동시에 서울시내 전경이 나타났습니다. 우리는 모든 사물이 분리돼 있다고 생각하고 살아왔습니다. 그런데 남산 타워는 분리되 있으면 서울 시내 전경이 나타나는 데 100년 걸려야 하는데 서울 시내 전경의 시간이 보이지 않고 순식간에 나타난 것입니다.

내가 분리돼 있다는 것은 내 나의 망상이 드러난다 그럼 이 우주 하나 뿐인 생명, 남아 있는지 실험으로 알아보도록 합시다. 밀가루와 밀가루를 반죽한 물이 필요합니다. 그럼 여기 하나님의 밀가루 더미가 있습니다. 이 우주에 존재하는 건 분리되지 않는 한 덩어리의 밀가루 뿐입니다. 이 하니님이 밀가루 몸을 찢어 밀가루 작은 조각 20개를 만들었습니다. 그래서 밀가루 하나에서 20개의 밀가루 인간으로 태어났습니다. 여기서 원재료는 밀가루 100%입니다. 자 여기서,

질문) 나갑니다. 밀가루 한 덩이가 1~20개의 밀가루 덩이가 되었는데 밀가루 원래대로 100%라는 것에선 변함이

있을까요? 없을까요?

정답) 밀가루 1~20개 100% 라는 것에 변함이 없다.

여기서,

질문) 하나님 밀가루는 한 덩어리가 1에서 20개의 조각으로 나뉘었으므로, 1~20개의 밀가루는 하나님 밀가루인가 아니면 밀가루 대신 다른 물질이 있는가?
정답) 1에서 20개 모두 같다. 하나님이 맞습니다.

여기서

질문) 하나님의 밀가루 한 덩이가 한 개에서 20개의 밀가루 인간이라고 가정해 보자.

1번 밀가루는 1번 밀가루 인간의 관점이 있다. 둘에서 20번 밀가루 인간도 각자 만의 관점이 있다.

그런데 1번 밀가루 인간이 자신의 관점대로 2개에서 20개의 밀가루 인간의 관점을 맞추려면 2개에서 20개 인간 밀가루 인간이 1번 밀가루 인간의 의견에 따를까 따르지 않을까?

정답) 2~20번 밀가루 인간은 1번 밀가루 관점에 따르지 않는다.

여기서

질문) 그럼 1번 밀가루 인간이 2번에서 20번 밀가루 인간과 평등하게 평화롭게 지낼 수 있는 방법은 무엇일까?

정답) 1번 밀가루 인간이 또 다른 나 20에서 20 밀가루 인간의 관점을 존중해 주면 평안은 유지할 수 있다. 하나의 밀가루는 모든 것은 나일까?

남이 존재할 수 있는지 알아보자.

1) 인간 2) 건물 3) 자동차 4) 태양 5) 산 6) 뱀 7) 바퀴벌레 8) 바위의 밀가루 덩이
제1원인 원재료는 모두 밀가루 100프로이다.

그러면서
질문) 1번 밀가루 100%로 만든 인간모형은 밀가루를 벗어난 사람이 파는 것인가?

정답) 1번 밀가루 인간은 밀가루의 모양이 변한 것일 뿐 사람과는 아무런 관련이 없다.

여기서,
질문) 그럼 밀가루 100프로 재료인 1) 인간 2) 건물 3) 자동차 4) 태양 5) 산 6) 뱀 7) 바퀴벌레 8) 바위는

실재하는 것인가? 아니면 실재하지 않은 환영인가?

정답) 진실 100% 인간일 뿐 1) 사람 2) 건물 3) 자동차 4) 태양 5) 산 6) 달 7) 바퀴벌레 8) 바위는 실제로 존재하지 않는다.

사람~8) 바위는 100% 밀가루의 모양이 변한 것에 지나지 않는다.

그럼 하나의 밀가루가 1번에서 20번 개의 밀가루로 나누어진 경우 1번에서 20번 밀가루와 똑같이 밀가루인지 밀가루 안에 남아있는지 알아보라 여기서 질문, 밀가루 100%가 나라고 가정할 때 1번에서 20번 밀가루는 모두 다인 가 아니면 밀가루 100프로로 '나'가 아닌 다른 성분이 남아있는 것인가?

정답) 1번에서 20번 밀가루 모두 같은 나이다.

그러면 여기서 1번 밀가루가 2번 밀가루를 공격했다면, 2번 밀가루 100%는 나가 밀가루 100% 나를 공격한 것인가? 아니면 1번과 다른 남 2번 밀가루 인간을 공격한 것인가?

정답) 1 밀가루 인간이 2번 밀가루 인간을 공격한 것이다.

하나님이 공이 거울을 비추어 환영의 세계를 만들어 내어 하나님의 허공 거울은 특징 모양 형상이 없다.

이 몸이 없다. 내가 없다 생각이 없다. 여기서 1) 2) 구

름 3) 해 4) 산 5) 건물 6) 바다

하나님의 허공의 물결을 만든 것이다. 여기서 진실은 1) 사람에서 6) 바다가 실제인 것 같지만 손으로 만져보면 아무것도 존재하지 않는다는 것이다.

여기서
질문) 1 사람에서 6) 바다는 실제로 존재하는 것인가? 아니면 실제 진실은 허공 뿐인가?

정답) 허공 뿐이다.

예를 들어 제1원인 물질 우주의 바탕화면의 창조의 거울에 대해서 알아봅시다.

여기서
질문) 내가 이 그림을 손으로 만져보면 진실은 사람이 존재하는 것일까?
허공의 도화지가 존재하는 것일까?

정답) 1) 사람에서 6) 바다는 허공이 도화지일 뿐 어기거기에 실제를 1) 사람에서 6) 바다는 존재하지 않는다.

제1원인 허공의 도화지 자각하기

-〉 당신이 눈에 보이는 모든 장면을 한 장의 도화지위

그림으로 상상해 봐라.

질문) 당신의 눈앞에 여자가 있다 그때 한 장의 그림이다.

그러면 여자는 허공의 도화지위 회화인가 아니면 실제 여자라는 실제가 있는 것인가?

정답) 여자는 허공의 도화지 그림이다.

그럼 나의 크기가 가로 세로 얼마인지에 대해서 알아보자.

그럼 몸을 인식하는 나의 크기에 대해서 알아보자.

이게 몸을 인식한 나의 크기다.

그럼 마귀 에고가 인식하는 가짜 나의 몸에 인식이 크기가 맞는지 직접 실험해 봐라.

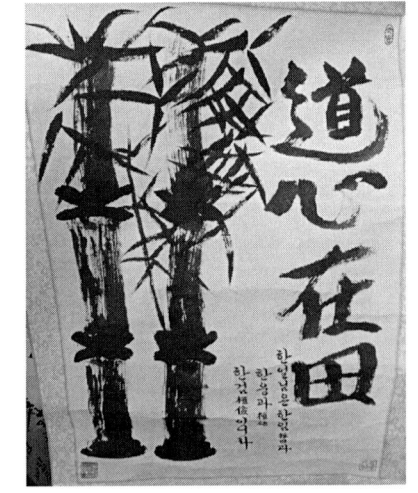

이것은 땅으로 그림을 그려서 나만의 몸을 직접 경험할 수 있는지, 한번 그림을 그려보자.

여기서 내 땅, 5번 땅이 나라면 내가 주체적 독립적으로 외부의 도움을 받지 않고 내 몸이나 땅이 독립적으로 존재하려면 몸이 어떤 것도 보이지 않아야 한다.

내가 눈을 감았다. 떴다 이런 꿈이 이런 그림이 나와야 한다.

성령이 '나'인줄 알라. 진리가 너희를 자유케 하리라! 공은 지금이고, 공이 바로 '나'다.

'도'는 마음밭에 있는 것이지 밖에서 찾으려해도 찾을 수 없다. 고요히 마음밭에서 찾으라.

우리는 본래 깨달아 있다. '성령'이 '나'다.

몸, 육체는 가죽부대일 뿐 가죽부대를 위해 싸우고, 일하고, 성내고, 경쟁하지 마라!

서로 사랑하라, 서로 다름을 존중하라.

인류 80억은 하나다. 모두 다 '나'다. 마귀에서 벗어나라 대자유인 되라.

지금 여기가 천국, 극락세계인데 사람이 태어나서 백가지 어려운 일이 있는데 가장 큰 어려운 문제가 깨달음 "도"이다.

그러나 밖에서는 만날 수 없다. 내 안에 성령의 마음 밭에서 찾을 수 있다. 수백 수천명 인간이 인간 몸 받기 어려운 법, 이번 생에 깨달음을 얻지 못하면 언제 다시 사람 몸 받을까?

5번 이번 지번을 절대로 보이지 않아야 한다.

그럼 이게 가능한지 실험해 보자.

자, 이제 눈을 감아라. 당신은 당신이 일까를 실험해 보자 나의 몸 예를 들어보겠다.

나는 키가 180cm인데 그림속 나의 키는 180cm다.

다른 사람이 당신의 키는 얼마입니까? 물어보면 나의 키는 180cm입니다.라고 답한다. 그럼 내 키가 180cm라는 것은 사실일까? 아니면 내가 거짓말을 하는 것일까? 실험을 알아보자.

자, 이제 여러분은 모두 눈을 감아라. 그리고 내 몸의 영역은 머리 하나 몸통 하나 다리 2개 라고 선언하라. 그리고 내 몸 외에 다른 영역은 내 몸이 아니라 선언해라.

그리고 나의 키 크기가 눈을 떴을 때 보이는 전체 가로 세로 크기이다.

자, 그럼 내가 손꼽을 3번 치면 눈을 떠라.

여러분은 눈을 떴다. 자기가 눈을 떠 보이는 신체 그림은 가로 세로 그려보아라.

이게 당신의 몸 가로 세로 크기다.

나의 방의 크기가 나의 크기이지 몸이 나의 크기가 아니다.

나의 크기를 이해하기 위해서 박스를 가지고 나의 크기에 대해서 내 몸을 나의 크기로 여기고, 내 몸으로 여기는 것은 박스가 있으면 박스의 크기 위에는 박스가 내가 아니라 여기는 것은 같은 이치다.

박스의 크기를 직접 체험해 보자. 내가 박스 안에 머리를 집어넣었고, 박스를 가로 세로 크기 외에는 아무것도 보이지 않는다. 이것은 독립적인 박스 고유의 크기이다.

그럼 내가 눈을 감았다, 떴을 때 눈에 보이는 건 전체 크기가 나의 크기이다.

그럼 먼저 몸만 따로 독립적으로 나의 고유의 크기를 경험할 수 있는지 눈을 감았다 떠서 눈에 보이는 전체 크기로 내가 따로 몸을 독립적으로 경험할 수 있는지 알아보자.

자, 모두 눈을 감아라. 그리고 내게 손바닥 세 번 치면 눈을 떠서 내 눈 사이에 보이는 것들을 가로 세로로 그려보자. 눈을 뜨고 내 시야에 그린 그림이다.

거기서 내 몸은 독립적인 개체라 따로 경험하는 것은 불가능하다. 여기서 전지적인 내 몸이 따로 존재하니까 내몸 따로 경험, 가능하다는 분이 계시다면 당장 데려와 보시라.

그 영역 몸 따로 경험할 수 있다면 아파트 10억짜리를 바로 드리겠다.

세상에 내 몸은 평생 독립된 영역이라 믿어왔는데 나는 내 몸은 속을 때까지 독립성을 한 번도 경험할 수 없다니 이게 무슨 황당한 일인가? 그럼 내 몸이 따로 존재한다는 것은 새빨간 거짓말이 아닌가?

자, 눈을 감아라. 나는 누군가가 물어보면 내 키는 180cm입니다. 라고 말했다.

그럼 다시 남산타워로 가보자 남산타워 유리창 앞에서 난 눈을 감고 내가 눈을 감고 있다. 눈을 뜨면 눈에 보이는 세로 전체 크기의 나의 크기다. 내가 손뼉 세 번 치면 눈을 떠라. 그 남산타워에서 볼 내가 눈을 뜨고 볼 그림으로 광경을 풍경 그림으로 그려보라.

내가 남산타워에서 눈을 감았다가 뜨고 본 나의 키는 세로 100미터가 더 되어 보였다. 그럼 나의 키는 100미터이다. 조금 전까지 나이 키는 180cm였는데 왜 갑자기 내 키가 100미터가 되어 버렸는가? 여기에서

질문) 내 키는 1)키 180센치 2) 키 천 미터 이상 둘 중

하나는 지금 거짓말을 하고 있다.

그럼 키 180센치가 거짓말인가? 키 천 미터 이상이 거짓말인가? 여러분께서 맞추어 보시라.

정답) 180cm는 거짓말이고, 이 키 천미터 이상이 진실이다.

결론) 당신은 죽을 때까지 당신 고유의 몸 180cm을 경험할 수 없다.

당신이 태어나서 죽을 때까지 전체를 경험하다 죽을 뿐이다.

그럼 당신의 진정한 크기는 얼마인가? 당신의 눈으로 보는 전체 크기가 당신의 진정한 몸의 크기이다.

그러면 당신이 보는 시야 전체에서 남을 찾아볼 수 있을까?

여기서

질문) 당신은 당신의 눈으로 보는 전체 시야에서 당신 아닌 것을 찾을 수 있는가?

정답) 당신의 눈에 보이는 모든 것은 당신이고, 나이고, 당신이 낳은 것이다.

그럼 내 눈에 보이는 모든 것이 나인지 실험을 통해 알아보도록 하자.

먼저 당신이 당신의 의식이 들어가지 않을 때 사물이 탄생하는지 가능한지 불가능한지 실험을 통해 알아보도록 하자. 여기서 당신 앞에 마네킹이 하나 있다.

지금 여기 있는 마네킹은 머리에 벽돌을 맞아 기절하고 생각이 끊긴 상태이다. 생각이 끊긴 마네킹에게 당신이 사과라고 외치면 사과가 탄생할 수 있는지, 사과 탄생이 불가능한지, 당신이 마네킹에게 '사과'라고 말하고 마네킹 표정에서 사과라는 말에 반영하는지 아닌지 확인해 보라.

사과라는 말에 표정 변화가 없다.

마네킹 생각이 끊겨 사과는 전혀 인식하지 못한 듯 한데 사과(개념)은 탄생할 수 있을까?

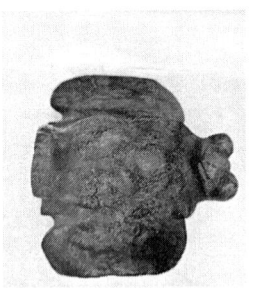

단군조선 신화에서 역사로 증명된 유물

사과는 내가 어떻게 해야 창조될 수 있을까?

사과가 탄생하려면 먼저 사과에 나가 있고, 생각이 있고 사과에 대한 의미 부여가 있어야 바로 사과가 탄생할 수 있습니다.

사과가 탄생하려면 내가 사과의 의미부여라는 생각이 들어가야 사과가 인식이 된다는 말이다. 이 말은 내가 사과는 의식하지 않으면, 사과가 지천에 깔려 있다 해도 나에게는 사과가 없는 것이 된다는 말입니다.

내 눈 앞의 사과가 보이는 것은 내가 눈을 뜨자마자 빛의 속도보다 빠르게 나의 기존 고정관념에 사물이 들어가 냉장고는 냉장고로 보이고, 티비는 티비로 보이는 것입니다.

당신이 보는 바퀴벌레가 나인 이유, 바퀴벌레 하나의 밀가루로 만들었다면 바퀴벌레는 밀가루가 아니면 바퀴벌레는 독립된 실체인가?

정답) 바퀴벌레는 밀가루고, 이 물질의 우주가 밀가루로 만든 하나의 밀가루일 뿐 바퀴벌레라는 독립된 실체는 존재하지 않습니다.

사람 차, 바다 밀가루 100% 이제 거기 형상 사람이 바로 존재하진 않습니다. 그럼 여기서 하느님의 거울 공히 비춘 형상밖에 꾸민 세계에 대해서 다시 복습해 봅시다.

자, 그럼 하나님의 텅 빈 공이 거울이 삶을 사물을 잡으러 가봅시다. 거울 속 사물을 실제로 손으로 잡으려 하면 실제로 무엇이 무엇에 부딪히는지 알아봅시다.

텅 빈 거울이

1 사람~6 바다를 비추었을 때 1 사람~6 바다가 실제였는지 손으로 잡으러 가봅시다.

손으로 1 사람~6 바다를 손으로 잡았을 때 실제로 잡히는 것은 무엇인가요?

정답) 실제로 잡히는 것은 텅 빈 유리 평면거울 뿐입니다.

질문) 그럼 사람 바다는 실재하는 것인가? 아니면 실재하지 않는 환영인가요?

정답) 1 사람~6 바다는 실재하지 않는 환영이다. 공 환영입니다.

거울 속에 제가 어젯밤 꿈속의 세상은 실제로 있는 것인가요?

질문) 내가 꿈에서 깨어났을 때, 1 사람~6 바다는 꿈속에서 꺼내요, 실제로 입체로 볼 수 있는가요?

정답) 꿈속에 실재했던 1 사람~6 바다를 꿈에서 깨면 모두 사라지고 공만 남아. 1 사람~6 바다를 꺼내올 수 없습니다.

자 그럼 내가 사는 정신 속에 내가 보고 있는 사물들은 없는 것인가요? 실재하는 것인가요?

그림을 통해 알아보도록 하자

그럼 현실 속에 1사람~6바다를 잡으러 가봅시다.

진실은 우리 앞에 텅 빈 거울이 현실의 모양을 비추어만 내가 실제로 만지면 텅 빈 거울을 거울에 부딪힙니다.

그럼 나는 누구인가요? 누구의 진짜 나의 정의는

1 태어나지도 죽지도 않는다. 2 영원불멸하다. 3 형상이 없다. 4. 몸이 없다. 5. 뇌가 없다. 6, 생각이 없다이다.

그럼 진짜 몸도 없고, 뇌가 없고 생각이 없는 상태로 사물을 보면 과연 사물은 존재하는 걸로 인식될 것인가? 아니면 존재하지 않는 걸로 인식될까요? 그럼 알아봅시다.

자, 여기서 마네킹을 진단시켜 실험으로 내가 없을 때 사물이 인식되는지 인식되지 않는지 실험으로 알아보자.

'나'는 누구인가? 진짜 '나'는 몸도 없고, '나'가 없고, 생각이 없어 마네킹 같이 생각이 끊어진 상태가 되었습니다. 이제 마내킹처럼 이제 마이킹에게 사람이라고 불러보라. 과연 마네킹이 사람 인식에 사람이 태어날 수 있는지 없는지 한 번 알아 봅시다.

마네킹 표정에 변화가 없다. 사람처럼 인식되지 않는다. 형상으로 태어나지 않는다. 마네킹 표정 변화 없다.

바다는 인식되지 않아 바다 형상으로 태어나지 않습니다.

그럼 사람 인간은 어떻게 태어나는가?

인간이 태어나는 순서

1사람 2생각 3사람 의미 부여 4번째 사람 이미지가 그려지며 태어난다.

질문) 그럼 내가 없고, 생각이 없으면 말이 태어날 수 있는가 없는 것인가요?

마네킹 실험으로 사실을 확인해 봅시다.

질문) 부모 태어나기 전 본래면목

여기 마네킹이 부모 태어나기 전 본래의 면목을 받아들여 표정 변화가 있는지 확인해 봅시다.

질문) 부모 미생 전 본래 면목 답 끝이
질문 답은 내 없는 하나님 부처를 깨달음 하는지 묻는 것입니다.

내가 없고 생각이 없으니

부모 미생 전 부모 불 본래면목은 말로 하면 분리된 나 타남 등장에 어긋남 벌이라는 것입니다. 걸어선 답은 내가 없는 하나님 부처님이 살아서 역사하는지를 묻는 것입니다.

자, 그럼 여기서 부모 미생 전 본래면목 선문답 풀이를 하나 해 봅시다.

질문) 부모 미생전 본래면목

정답) 구리 선사

침묵 속에서 손가락 하나를 들어 보였다

선문답 풀이 내가 없고, 생각이 없으니 부모 미 생전 본래면목은 의미 부여할 자가 없어 침묵했고, 전지전능한 나 생명이 죽지 않았으니 하나님 부처가 살아있다는 의미로 손가락을 들어 올려 하나님 부처님이 살아있음을 표현한 것입니다.

선문답 풀이

질문) 뜰 앞에 잣나무
정답) 침묵 속에서 책상을 쳤다

질문 : 뜰 앞에 오늘은 토요일입니다.
엉뚱한 대답을 해 생각이 깊어진 자리 생각이 따라올 수 없게 말하는 것이다.

하나님 부처 진짜 나 둘이 아니다.
내가 없이는 말이 무슨 의미인가?
내가 없다.

불이법을 이해하려면 다르다는 생각없이 반대 상대방을 먼저 이해해야 합니다.
그럼 상대방을 실험으로 무슨 의미인지 한번 알아보도록 합시다.
자, 그럼 먼저 준비물을 효자손과 사인펜으로 길다, 짧다가, 어떻게 의미가 부여되는지 한번 알아봅시다.

여러분은 이 그림의 효자손과 사인펜 중 어떤 것이 길까요? 알아맞혀 보십시오.

정답) 효자손이 길다.
질문) 여러분들은 효자손이 길다는 것은 어떤 것을 비교해 보고 알았습니까?

정답) 효자손은 사인펜을 비교해 보니 사인펜이 작은 것은 기준점으로 효자손이 사인펜보다 길다는 감을 잡아 효자손이 길다는 것을 알았습니다.

그럼 여기서
질문) 짧다는 기준점 사인펜이 없이 효자손 혼자 있으면 효자손이 짧은 겁니까? 긴 것입니까?

정답) 효자손만 있으면 짧다는 기준점이 없으므로, 효자손이 긴지 짧은지 알 수가 없습니다.

그러면 효자손이 하나만 있다면 효자손이 길다는 것은 있는 것입니까?

길다는 것은 없는 것입니까?
정답) 길다는 것을 모른다는 것이 길다는 게 없다는 의미입니다.

그럼 나와 남이 어떻게 출연할 수 있는지 한번 살펴봅시다.

나는 나와 비교할 남이 있을 때만 내가 있음을 알 수 있습니다.

그럼 여기서

질문) 그럼 나만 있으면 나는 내가 있다는 것을 알 수 있을까요?

아니면 내가 있다는 것을 알 수 없을까요?

정답) 내가 있다는 것을 알 수 없습니다.

질문) 남이 없어 나를 인식할 수 없다면 나는 있는 건가요? 나는 없는 건가요?

정답) 나는 없는 것입니다.

그럼 내가 없는 하느님 부처님 진짜 나를 체험으로 알아 봅시다.

하나님의 모습 자, 그럼 하나님의 특징 하나님은 왜 형상 모양이 없는지에 대해서 알아봅시다.

깨달음이란 상에 대한 집착을 내려놓는 게임입니다.

그럼 여기서

질문) 여러분들 집착이 생기는 현상의 원인은 무엇일까요?

집착이 생기는 태초의 원인은 텅 빈 '공'에서 현상 모양이 드러날 때 생기는 것입니다.

질문) 내가 살인범이 되어 살인죄를 갖게 된 '업의 발생'의 최초의 원인은 무엇인가요?

아무것도 없는 것 공에서 집착을 할 수 있는 모양 형상

금덩이가 생김으로써 살인범 이란 업이 생기게 되었습니다.

여기서

질문) 그럼 금덩이란 현상이 생기지 않았다면 살인자란 죄 없이 생길 수 있을까요?

정답) 금덩이가 없이 당연히 금덩이에 대한 집착이 없어 금덩이란 살인자가 생기지 않았을 겁니다.

그림 물질 집착이란 공식이 성립되는군요.

집착이 없는 공인 하느님의 모양의 집착과 제 엄 발생 시기 때문에 공이 하나님의 모양 형상으로 드러날 수 없는 것입니다.

그러므로 하나님을 형상으로 이뤄졌다고 말하는 모든 종교들은 사이비인 것입니다.

그러면 왜 물질은 가짜라고 얘기하는 겁니까?

가짜의 정의 일 모습을 드러내고, 태어난 것은 반드시 멸하고, 사라지는 줄 알고 발생합니다. 물질 형상이 가짜인 것은, 모습을 드러낸 것이 다 한 번 태어났기에 사라지거나 죽는 것을 피해 갈 수 없기 때문입니다.

인간도 태어남이 없기에 변하고, 병들고, 늙고, 죽는 업을 피해 갈 수 없습니다.

그리고 우리가 살고 있는 지구도 태어났기에 지구도 변하고, 언젠가는 폭파되어 사라질 운명을 피해 갈 수 없습니다.

우리가 알아본 대로 물질은 두가지가 없이 발생합니다.

물질에 없는 모양으로 드러난 것은 반드시 집착이 모양으로 드러난 것으로, 가짜이기에 언젠가는 변하고 사라질 업을 절대로 피해 갈 수 없다는 겁니다.

그러므로, 하나님을 모양으로 드러날 수 있다고 말하는 종교는 모두 사이비입니다.

왜냐하면, 하나님의 정의는 영원히 죽지 않는 존재 라는 것이 답인데 하나님의 모양으로 드러나면 반드시 죽을 운명을 짊어져야 하기 때문입니다.

여기서 질문 하나님의 모양으로 드러날 수 있습니까? 아니면 하나님의 모양으로 드러날 수 없습니까?

정답) 하나님은 절대 모양으로 드러날 수 없다. 하나님 모양으로 드러날 수 있다는 종교는 백 프로 사이비입니다.

그럼 다시 하나님의 정의에 대해서 요약해 보겠습니다. 자, 그럼 '하나님은 내가 없다'에 대해서 알아보도록 합시다.

여기서
질문) 모든 인간의 고통의 원인은 무엇일까요?

결국 모든 인간의 고통의 원인은 내가 있기 때문입니다. 그럼 내가 있는 게 고통이 되는 겁니까?

내가 후생이 되는 것 우주의 업을 연기성 상대성 때문에 그렇습니다. 내가 인식되려면 반드시 남이 있어야 남을 비치어 내가 있음을 알 수 있기 때문입니다.

내가 없는 진짜 나, 내가 없는 하나님 내가 없는 부처님으로 부른다면 나타남이 있는 태어나고 죽는 가짜 나를 부르는 이름이 따로 있습니까?

나와 남이 나눠져 있는 내 몸은 마구니라 부릅니다.

정의하자면, 나 마귀 에고가 되는 것입니다. 그럼 몸 나 왜 마귀가 되는 것입니까?

몸 나는 마귀처럼 잔인한 성격을 갖고 있기 때문입니다. 그럼 내 몸이 왜 잔인한 마귀 성격을 갖게 되는지 설명해 보도록 하겠습니다.

내가 성립하려면 연시성 상대성이 작용해 반칙, 남이 나타나야 됩니다.

그래서 내가 있고 남이 있게 되었습니다.

나 몸 마귀 성격에 대해서 먼저 알아보겠습니다.

몸 나 마귀의 성격

1. 개인 이기주의
2. 물질 이기주의
3. 난 옳고 다른 이는 틀렸다
4. 난 "나"는 무조건 인정받아야 하고, 남은 절대 인정 안 베푼다. 빼앗는 것을 서슴지 않는다.
5. 나는 못 믿고 높이고 상대방을 무시한다.
6. 시기 질투 비난 지적질을 잘 한다.

7. 비교 판단이 전문이다.

8. 잘못을 남에게 뒤집어 씌운다

9. 상대가 잘 되는 것을 가장 싫어한다.

10. 상대가 망하는 것을 제일 좋아한다.

11. 나의 속 공이 집착한다.

12. 남과 비교를 잘 한다.

13. 남에 대한 이해심이 없다.

14. 남에 대한 배려심이 없다.

15. 남에 대한 책임감이 없다.

16. 남의 것을 잘 빼앗으려 한다.

17. 거짓말을 잘한다.

18. 남에 대해 책임감이 없다.

19. 난 상대가 나약하면 공격하고, 성공을 상처를 입히고, 남을 절대로 인정 안 해 준다. 빼앗고 그것을 서습지 않는다.

20. 성공하기 위해 남을 이용하는 깃을 성공하기 위해 수단과 방법으로 가리지 않는다.

21. 조건 없는 사랑이 무언인지 모른다.

22. 남과 비교해서 못 나가는 거거나 실패하면 자기에게 엄청나게 분노하고 자기를 공격하고 학대한다.

23. 자기가 남과 비교해서 주체, 증여는 실패하는 자가 되면 실패한 자기를 엄청 증오하고 자기를 파괴한다.

자기를 경쟁에 뒤처져서 실패하면 마귀는 자기를 자살로 몰아 자기를 죽여버리는 살인자이다.

나 마귀성

 1. 개인 이기주의자
 2. 물질 이기주의자
 3. 시기 질투 지적질의 화신
 4. 내가 실패하면 나를 공격하고 폭력함
 5. 내가 실패하면 자기 학대자 위증 오자
 6. 내가 크게 실패하면 나는 죽어버리는 살인자

몸과 나 마귀에게 없는 것

 1. 사랑을 모른다
 2. 상대에 대한 배려심을 모른다
 3. 상대에 대한 책임감이 없다.
 4. 상대에 대한 봉사 · 배려 헌신이 무엇인지 모른다.

여기서 몸 나, 마귀 애교의 속성을 벗어나 내가 상대에 대한 배려심이 있다면 나는 윤회의 삶을 통해 그때 정화가 어느 정도 이루어져 인격적 성장, 장인적 성장이 일어난 것입니다.

그럼 나는 누구인지 누군가의 에덴동산의 특징

진짜 나, 하느님 부처님이 살던 여동생한테 대해 알아봅시다.

모양이 떨어지지 않는다. 에덴동산은 뭐야?
1) 사람 ~6) 바다에 떨어지지 않습니다.
에덴 동산은 모두를 나로 인식하고, 남이 없으며 나의 나외 모양으로 인식하지 않는다.

선악과 출연, 이유는 하느님이 진화를 위해 자기 자신이 누구인지 잃어버리고 분리 속으로 뛰어들어 마귀에 놓여 있다가 자기가 하나님을 알고 하나님 0%에서 하느님 100프로로 복귀하는 게임을 할 수 밖에 없습니다.
하나님은 자기 자신의 진화를 위해 자기 자신의 기억을 지우고 뱀, 악마, 마귀, 에고를 만들어 마귀의 몸속에 하느님을 가두어 두는 게임을 허락하셨습니다.

그리하여 뱀만 귀 유혹으로 하느님은 자기가 하느님이 기억을 지워, 자기 일을 하느님 모른 상태에서 하느님 스스로 선악과를 따먹고 마귀를 하느님 몸속에 살게 한 것입니다.

내가 하느님으로 하느님을 되찾으려면 사건의 원인인 마귀가 어떻게 생겼는지 알면 하느님의 해방은 어렵지 않습니다.

마귀 누구인지 찾기, 그럼 에덴동산에 하느님을 꿰어 하느님 스스로 선악과를 따먹고, 자기가 하느님인 기억을 모두 없애버리고, 마귀 몸속에 갇히게 만든 마귀는 어떻게 생겼는가? 이제 인류 최초로 마귀의 모습을 공개하겠습니다. 마귀에는 얼굴이 있고, 몸통이 있고, 팔다리 2개 다리 2개의 몸입니다.

마귀의 몸은 위에서 얘기했습니다.

진짜 내가 없는 허공으로 돌아 가는 방법

1. 불이법
2. 조작 수행으로 깨달을 수 없다.

사막 그림 나무 나뭇잎 분리

1. 불이법 불이법은 둘이 아니다는 뜻입니다. 분리는 없다. 모두가 '나' 하나다.

2. 불이법은 비교 판단이 없다는 뜻입니다. 이분법은 비교 판단을 한다는 뜻이다. 불이법은 인간 존엄한 하나님 100프로 인간 0프로로 어떤 행위 결과로 인간은 비교 판단 받지 않고 조건 없이 사랑 받을 수 있는 존재란 뜻입니다.

이 말은 살인자 조차도 그건 하나의 연극일 뿐 죄는 미워할 사람은 미워하지 말라는 뜻입니다.

"죄"는 미워도 사람은 미워하지 마라. 악역을 한 것 뿐입니다.

불이법 물과 물고기의 비유

불이법이란?
물과 물고기가 떨어져 있지 않고, 물과 물고기가 한 몸으로 있는 것을 말합니다.

물고기이고, 물고기가 물입니다.

이 말은 하나님과 인간 대입시켜보자. 하나님은 인간이고 인간이 하나님으로 하나님은 밖에서 따로 다를 필요가 없습니다.

불이법, 하나님 인간, 인간 하나님은 인간이 하나님을 찾는데 시간과 거리가 발생하지 않고, 인간이 하나님을 찾는 데 노력이 들지 않습니다.

하나님 인간이 하느님을 찾는데

하느님을 찾는 데 시간, 거리, 노력, 수행이 필요하다는 종교 모두 사이비입니다.

인간이 하느님을 찾는데 시간·발생 인간이 하느님을 찾는데 거리 발생 노력필요. 수행필요.

남이 없으면 나는 내가 누군지 모릅니다.

남이 없으면 나도 인식이 안되어 내가 없는 것입니다. 효자손이 길다는 걸 어떻게 알 수 있었는가? 그건 사인펜이 효자손에 비해 짧다는 비교가 가능하기에 비로소 효자손이 감각을 가질 수 있었습니다.

효자손 혼자만 있다면 효자손은 길은 것인가? 짧은 것인가? 비교 대상 사인펜이 없다면 효자손은 자기가 긴것인지 짧은 것인지 전혀 알 수가 없습니다.

효자손이 비교 대상 사인펜이 없어 길다는 걸 모른다는 것은 길다는 게 없단 뜻입니다.

깨달음은 태어났고, 죽는 가짜 나란 생각이 죽어 나와 남이라는 생각도 죽는 것을 말합니다. 그런 순수 하느님은 저절로 드러납니다.

하나님 드러나 그럼 수행은 언제 필요한가?

수행은 내가 없는 공, 하나님을 깨닫고 체험하고 보림할 때 "나"에고를 정화할 때 생각을 지켜보는 힘을 기르기 위해 수행 명상 꼭 필요합니다. 그러므로, 수행이 필요 없는 게 아니고, 깨닫고 나서 수행이 필요하다는 말입니다. 모든 것에 의미는 부여하는 범위는 100% 나다, 분리는 없습니다. 모두가 나다 해서 이 주위 뒤에는 나뿐이고, 남 존재하지 않는다는 것을 배웠습니다. "모두가 나다."
밀가루 우주는 예를 들어 남이 없음을 설명해 봅시다.

물질 우주를 만들었습니다. 여기서,

질문) 밀가루 1)사람~ 6) 바다를 만들었다면 1)사람 ~6) 바다는 밀가루인가 아니면 1)사람 ~6) 바다가 실제로 있는 것입니까?

정답) 1)사람~6) 바다는 밀가루 위치

1)사람~ 6) 바다는 아무 관련이 없습니다.

예를 하나 들어봅시다,
전라도 사람 A가 전라도 출신 대통령 김대중 대통령을 엄청나게 존경한다. 이 말은 전라도 사람 A가 한 생각을 의미 부여에 김대중 대통령님을 존경한다. 하나의 관점을 세운 것입니다.

그런데 경상도 사는 친구 B는 A를 만나더니, 경상도 B는 김대중 대통령을 사기꾼이라고 비난하자. 김대중 대통령을 존경한다는 관점을 가진 전라도에 있는 경상도 친구의 김대중 대표님 비난에 격분해 둘은 피 터지게 싸웠고, 전라도 A와 경상도 B는 친구 사이에서 원수 사이가 되었습니다. 그리고 전라도 A의 김대중 대통령을 존경한다는 소리가 갑자기 경상도 B와 충돌하여 기분이 나빠졌고, 기분이 전복되어 전라도 A의 나는 김재중 대통령은 존경한다는 소리가 갑자기 막바지가 되어 버렸습니다. 결국 의미 부여해 그럼 여기서,

질문) 전라도 A가 난 김대중 선생님을 존경한다는 관점이 없다는 경상도 B가 김대중 대통령을 비난한다고 해서 전라도 A가 기분 나빴을까요, 나쁘지 않았을까요?

정답) 전라도 A는 기분이 나쁘지 않았다는 것입니다.

전라도 A가 김대중 대통령에 대한 관심이 없다면 경상도 가 김대중 대통령에 대해 무슨 말을 해도 하등 관심이 없어 기분이 나쁘지 않았을 것입니다.

그럼 여기서, 질문 그럼 전라도 A가 기분이 나쁜 건

경상도 B가 김대중 대통령을 비난해서 기분이 나쁜 걸까요? 아니면 전라도 A가 무조건 김대중 대통령을 존경해야 된다는 관점을 가진 것입니까? 그에 대한 반대 행동 존경이 아닌 비난을 하니까? 전라도 A가 화가 나서 본인이 기분 나쁜 상황을 만든 것인가요?

여러분들은 누구의 잘못이라 생각하시나요?

그러므로, 전라도 A가 화나게 한 범인은 자신의 관점이다. 최종 결론 범인은 항상 "나" 천주교 기도 가슴을 치면서 모두가 내탓이오. 내탓이다! 깨달은 말씀 기도, 이유는 나는 항상 "나"만의 관점을 세우니까?

반대되는 관점 충돌

내게 관점을 만들지 않고 난 괴롭지 않고 자유롭다.

마귀는 수많은 관점을 만들고, 나의 관점에 비난하는 상대방을 적으로 만들어 비난한다.

나 마귀의 관점은 항상 옳고, 남의 관점은 항상 틀렸다. 이렇게 상대방과 충돌하고, 상대방과 전쟁하고, 본인을 살아있는 지옥으로 인도한다. 이게 남들 인간의 고통이요. 비극입니다.

나의 고통에서의 해방 자연, 어디서 또 다른 나, 남의 관점도 소중하구나? 이제부터 남의 관점은 존중해야지 하고 남의 관점을 존중해 주면 평화가 시작됩니다.

모든 고통은 내가 한 생각을 일으켜 나의 관점을 세우므로 내 관점과 반대인 상대와 충돌하여 악을 만드니 내가 관점이 악의 원인입니다. 내 생각, 내가 악을 만드는 범인 주범이구나 하는 깨달음을 얻는 것입니다.

상대는 나를 괴롭힐 수 없습니다.

내가 관점을 갖지 아니면 괴롭지 않으므로 그렇다고 상대방이 공격하고 비난하는데 무조건 참으라는 이야기는 아닙니다. 상대가 공격하면 나를 방어하고, 나도 상대방에게 경고하고 안 되면 싸워라.

여기서 교훈은 싸우되 상대방 상대를 판단해서 상대를 미워하지 말라는 이야기다. 행실은 미워해도 사람은 미워하지 마라. 악역을 한 것일 뿐이라고 알라!

인생의 삶은 하나의 영웅처럼 생각하라

살인자는 자신의 관점을 가지고 살인을 연기하는 것이니 살인의 배역을 맡으라는 실재라고 오인하여 살인자 배역

같은 사람은 미워하지 말라는 말입니다.

악은 무엇인가 "비교" "판단"이 악이요. 마귀입니다.
그는 존재하는 것만으로 하나님입니다.
조건 없이 세상에서 사랑받을 자격이 충분합니다.

자, 그럼 나는 10살 때 성폭행을 당함으로 성폭행이라는 생각을 내가 만들어 내가 괴로움을 만들어냈는지 아니면 성폭행범 때문에 내가 괴로운 것인지 한번 알아봅시다.

여기 나는 열 살 때 성폭행을 당해 내 나이 50세인데 성폭행을 당한 40년 동안 너무나도 고통을 겪고 있다고,

상담 여기 A가 있다고 가정해 보자

여기서 성폭행이 사실이 되려면 지금 직전 현재 상황에서 그 사람의 사건을 소환해 현실에서 입체적으로 그 사건을 경험할 수 있어야 합니다. 이 말은 지금 현실, 지금 실직에 대한 정의입니다. 한다는 것입니다.

지금 현실의 정의 사건을 칼날로 경험할 수 있어야 합니다.

실제에 대한 실험 예 질문

여러분들 내가 금덩이 300억이라고 복사한 종이 가지고 여러분들에게 이게 금덩이인데 현금 300억을 달라고 하

면 여러분들은 현금 300억원을 주겠습니까?
주시지 않겠습니까?

정답) 300억을 주지 않는다.

질문) 그럼 여러분이 금덩이 300억짜리 그림을 주었는데 금덩이가 300억을 주지 않는 이유는 무엇입니까?

정답) 그림은 실제 금덩이가 아닙니다.

그럼 금덩이 삼백억 그림이 왜 금덩이가 아닐까요?

정답) 금덩이 그림은 실제 금덩이처럼 동서남북 위 아래 입체로 만져볼 수 없기 때문입니다.

그럼 내가 10살 때 성폭행을 당해서가 사실이 되려면 10살 때 사건 즉, 현실을 소환해서 피해자와 피해자의 범인을 입체와 칼라로 만나볼 수 있어야 합니다.

질문) 여러분 연설된 사건은 자주 현실로 피해자와 피해자를 소환해 칼라 입체로 만나볼 수 있을까요?

정답) 불가능하다.

그럼 우리가 금덩이 삼백억 그림을 받고 돈을 지불하지 않았습니다.

10살 때 나는 성폭행을 당했어도 실제로 일어난 사건이 아닙니다. 그럼 10살 때 성폭행을 당했어요. 라고 내가 고통을 만들고 있는지 범인이 고통을 만들고 있는지 실험으로 알아봅시다.

여기 웃고 있는 마네킹이 있습니다.

여기 마네킹은 당연히 생각이 무너져 있습니다.

내가 10살 때 성폭행을 당한게 괴로운게 사실이라면 그 괴로움이 24시간 365일 유지가 되어야 합니다.

어떤 때는 괴롭고, 어떤 때는 괴롭지 않다는 건, 괴로움의 원인이 이 사건이 아닐 수도 있는 것을 암시합니다.

나는 10살 때 성폭행을 당했어요가 사실인지 알기 위해 괴로움을 괴로운 생각을 할 때와 하지 않을 때로 그 괴로운 생각이 유지되는지 알아봅시다.

여기서 괴로운 원인

감별사 깨달은 하나님

생각이 끊어진 마네킹 부처님을 모셔봅시다.

마네킹이 생각이 없다는 것은 내가 마네킹을 망치로 맞아 기절하면 내가 기절해서 생각이 없습니다.

그럼 내가 잠들거나 기절해서 생각이 없는 상태를 말합니다.

나는 10살 때 성폭행을 당해서 괴로운지 실험해 보도록 하겠습니다.

지금 마네킹 웃고 있습니다.

내가 열 살 때 성폭행을 당연히 괴롭다면 마네킹 표정도 울음으로 바뀔 겁니다.

마네킹 표정 변화 여러분들 꼭 확인하세요.

여기서 질문, 생각이 끊어진 마네킹 내가 기절하거나 잠을 자 생각을 알아듣지 못할 때 나 10살 때 성폭행을 당해 너무 괴롭다고 말하면 내가 괴로울까요?

괴롭지 않을까요?

정답) 내가 생각을 알아듣지 못함으로써 전혀 괴롭지 않습니다.

결론) 내가 열 살 때 성폭행을 당했어요. 생각하면 나는 괴롭고 내가 열 살 때 성폭행을 당했어요. 생각하지 않으면 괴롭지 않습니다.

질문) 여러분 그럼, 내가 10살 때 성폭행을 당했어요. 라고 생각하면 괴롭고, 내가 10살 때 성폭행을 당했어요를 생각하지 않으면 괴롭지 않는 것은 내가 10살 때 성폭행을 당해 괴롭다는 생각을 묻는 걸까요?

생각이 주체가 나일까요? 남일까요?

정답 10살 때 성폭행을 당했어요. 라는 생각을 만들고 있습니다.

그럼 여기서,
질문) 그럼 지금 고통을 만들어내는 주체의 범인은 생각인데 내가 10살 때 성폭행을 당해 너무 괴로웠다 라는 생각을 남이 만들고 있나요? 내가 만들고 있나요?

정답) 내가 만들고 있다.

사랑하는 여러분, 내가 10살 때 성폭행을 당해서 너무 괴로워요 라는 생각을 만드는 범인은 아직 성폭행 피해자가 아니었습니다. 그래서 여러분 모든 것에 의미있는 불효와 고통을 만들어내는 범인은 100프로 나고 남이 될 수 없는 것입니다.

지금 여러분이 괴로운 것은 과거의 사건 때문이 아니고, 남이 날 괴롭혀서도 아니고, 내가 그 생각에 그 사건에 휘말린다고 착각하고 하여 고통은 스스로 만들고 내 생각이 감옥에서 나가지 않으려 하는 것임을 자, 그럼 이 생각을 한번 뒤집어 생각해 봅시다. 나는 10살 때 성폭행을 당한 불쌍한 사람이여야 돼, 난 이 불쌍한 사람이 배역을 위해서는 나는 강간한 배역 피해자가 꼭 있어야 돼, 너 강간한 피해자라는 너의 역할을 충실히 해야지, 내가 없으면 절대 안돼 여러분 그러면 10살 때 성폭행을 당한 불행한 사람이라는 연기.

내가 성폭행 피해자을 끌어들이고 내가 붙잡고 있는 거네요.

혹 사건의 진실은 내 생각으로 나는 10살 때 성폭행 당한 지독하게 운이 없는 피해자 입니다를 만들어내 내 생각 스스로 나는 "열 살 때 성폭행을 당한 피해자입니다" 라는 감방을 만든 것이네요.

그럼 여기서, 질문 나는 10살 때 성폭행을 당한 불쌍한 피해자입니다. 라는 감옥을 스스로 만들다. 그럼 여기서 질문 난 10살 때 성폭행을 당했어. 불쌍한 피해자입니다.

나는 감방에 본인 스스로 들어간 것인가요?
아니면 남이 나를 피해자로 집어넣은 걸까요?
그럼 나는 "10살 때 성폭행을 당한 불행한 피해자입니다"라는 감방에 본인 스스로 들어갔다면 여기서 결론 지금 이 피해자 나이를 50세입니다. 본인 스스로 나는 "10살 때 성폭행을 당한 불행한 피해자입니다"라는 감방에 들어갔다면 나이가 50세이면 이분은 몇 년 동안 난 10살 때 성폭행을 당한 불행한 피해자를 낳는 감방에 갇혀 있었나요?

정답) 40년 여기서 질문 나는 10살 때 성폭행을 당한 불행한 피해자입니다.

감방에 스스로 들어간 상담자는 40년 동안 스스로 감방에 들어가 있었는데, 감방에서 나오기를 스스로 나와야 하나요? 아니면 남이 감방에서 꺼내줘야 하나요? 정답 스스로 나와야 한다.

보림하는 법, 마귀가 죽을 때 저항하지 않고 판단 없이 받아들이면 마귀는 죽는다. "비교"·"판단"하지 않으면 마귀는 죽는다. 비교 판단 없이 "괜찮아" "수고했어". 안아주면 마귀는 죽는다.

상대를 칭찬해 주면 마귀는 죽인다

실패하고 찌질해 하는 비교 판단 없이 있는 그대로 사랑해 주면 마귀는 죽는다. 상대의 이야기를 진심으로 들어주면 마귀는 죽는다.

나의 아픔 상대 아픔을 판단 없이 있는 그대로 끌어안아 주면서 힘들었구나? 얼마나 무섭고 아팠니! 하고 안아주면 마귀는 죽습니다. 나의 고통에 감정의 감정을 느껴주고 그래 고생했다 하고 안아주면 마귀는 죽습니다.

나 상대를 비교 판단 없이 안아주고 응원해 주고 축하해 주고 박수쳐 주면 마귀는 죽습니다.

마귀가 살아날 때

1. 내가 개인 이기심을 가지면 마귀는 살아난다.

2. 내가 돈에 집착하면 마귀는 살아나고, 나의 양심은 마비된다.

3. 나는 높이고 상대를 비난하면 마귀는 살아난다.

4. 상대가 틀렸다고 지적질 하면 마귀은 살아난다.

5. 비교 판단하면 마귀는 살아난다.
6. 내가 옳다고 인정받으려고 우기면 마귀는 살아난다.

7. 몸의 아름다움에 집착하면 당신은 마귀의 노예가 된다.

8. 당신이 남의 것을 빼앗으려 사기를 치면 당신은 마귀의 노예가 된다.

9 당신이 시기 질투하면 당신은 그 즉시 마귀의 노예가 된다.

10. 당신이 자기를 학대하면 그 즉시 당신은 마귀의 노예가 된다.

11. 당신이 폭력을 가하면 그 즉시 마귀의 노예가 된다.

12. 당신이 당신을 증오하면 그 즉시 마귀의 노예가 된다.

13. 당신이 실패한 당신, 너 쓰레기야 넌 실패했어. "넌 끝났어 네가 챙피해 차라리 죽어버려"라고 마귀는 자기를 살인한다.

14. 마귀는 나를 죽인 살인범이다. 위험한 인물로 격리 수용이 필요하다.

15. 마귀는 나와 상대에 대한 배려심을 모른다

16. 마귀는 상대에 대한 존중을 모른다
17. 마귀는 상대에 대한 책임감이 없다.

18. 마귀는 상대를 진심으로 사랑할 줄 모른다.

19. 마귀는 모든 잘못을 남 탓을 돌린다.

20. 마귀는 나를 항상 옳고, 상대는 틀렸다고 주장한다.

마귀는 남이 잘 되는 것을 엄청나게 배 아파한다

마귀는 상대가 망하길 바라며 상대가 망하면 속으로 기뻐하고 겉으론 상대를 위로하는 척합니다.

상대가 로또 1등에 당첨되고, 자기가 로또 1등이 안되면 하늘을 원망하고 하나님을 욕하고 세상을 저주합니다.

마귀의 정의 1

1. 식욕에 집착은 마귀의 습성이다.

2. 성욕의 집착은 지옥간다

3. 이기주의자는 지옥간다.

4. 돈을 밝히는 자는 지옥간다

5. 시기 질투 많은 자 지옥간다.

7. 화병 많으면 지옥간다.

8. 상대에 대한 배려심이 없으면 지옥간다.

9. 상대에 대해서 연민심이 없는 자 지옥간다.

10. 상대에 대한 봉사심이 없는 자 지옥간다.

11. 생각은 마귀의 언어다 하느님은 생각을 쓰지 않는다.

12. 비교 판단하는 자 지옥간다.

마귀의 정의 2

1. 악의 정의 비교 판단하는 것은 악이다.

2. 몸을 나로 아는 게 악이다.

3. 몸을 섬기는 게 악이다.

4. 생각은 악이다.

5. 생각으로 관념을 갖는 게 악이다.

6. 질투하는 게 악이다.

7. 지적질 하는 게 악이다.

8. 상대를 못한다고 비난하는 게 악이다.

9. 나와 남이 있다고 생각하는 게 악이다.

10. 내가 있다고 생각하는 게 악이다.

"천당" 감춰진 차원 상승한 기준 이를 존재하는 모든 것이 나 힘으로 보이는 모든 것.

1. 바퀴벌레 한마리까지 사랑해야 한다.

2. 지금 내가 가진 재산을 모두 상대에게 불쌍한 형제에게 줄 수 있어야 한다.

3. 생각이 마귀 입으로 내가 하는 모든 관점을 지금 당장 포기할 수 있어야 한다.

4. 나 상대를 비교 판단 없이 있는 그대로 사랑할 수 있어야 한다.

5. 분리는 없다.

모두가 난 깨달아 세상에 남이 없으면 깨달아야 합니다.

대한민국 5천만 명 중 천국 가는 조건 해당자 100명도 안된다. 당신 지금 깨어나지 아니하면 무조건 지옥에 가게 되었다. 그래서 21세기 재림예수가 모든 인류를 구원하러 위해 이렇게 온 것이다. 당신은 지금까지 누구에게 봉사하고 살아왔는가? 몸이 "나"인 줄 알았고 몸을 위해 돈을 벌고 몸을 위해 성공하는 것은 당신이 철저히 마귀의 노예로 봉사한 것이라. 당신이 당신 인생 하나님을 위해 산 것은 없는 것이다.

인간의 삶의 목적은 무엇인가?

인간은 100% 하느님이고, 인간 100% 인간의 삶을 100% 정신적인 존재 하느님을 위해 살아가야 한다.

몸을 위해 살아가는 것은 철저히 악의 노예로 살아가는 거지 그건 인생을 산 것이 아니다.
당신이 100프로 정신적인 존재, 내가 없는 "하느님" 생각이 없는 "하느님" 비교 판단이 없는 조건없는 "하느님"을 위해 살아갈 때 당신의 삶은 의미가 있는 것이다.

마귀는 남이 잘 되는 것을 엄청나게 배 아파한다.

마귀는 상대가 망하길 바라며 상대가 망하면 속으로 기뻐하고 겉으론 상대를 위로하는 척한다.

상대가 로또 1등에 당첨되는 것은 안되고 자기가 로또 1등이 안되면 하늘을 원망하고 하나님을 욕하고 세상을 저주한다.

마귀의 정의

1. 식욕에 집착은 마귀의 심성이다.
2. 성욕의 집착은 지옥간다.

3. 이기주의자는 지옥간다.

4. 돈을 밝히는 자는 지옥간다.

5. 시기 질투 많은 자 지옥간다.

6. 화가 많으면 지옥간다.

7. 상대에 대한 배려심이 없으면 지옥간다.

8. 상대에 대해서 연민심이 없는 자 지옥간다.

9. 상대에 대한 봉사심이 없는 자 지옥간다.

10. 생각은 마귀의 언어다 하느님은 생각을 쓰지 않는다.

11. 비교 판단하는 자 지옥간다.

악의 정의

1. 비교 판단하는 것은 악이다.

2. 몸을 나로 아는 게 악이다.

3. 몸을 섬기는 게 악이다.

4. 생각은 악이다.

5. 생각으로 관념을 갖는 게 악이다.

6. 질투하는 게 악이다.

7. 지적질 하는 게 악이다.

8. 상대를 못한다고 비난하는 게 악이다.

9. 나와 남이 있다고 생각하는 게 아니다.

10. 내가 있다고 생각하는 게 악이다.

천당 가는 기준

차원 상승하는 기준

이 세상 존재하는 모든 것이 "나" 눈으로 보이는 모든 것 바퀴벌레 1마리까지 사랑해야 합니다.

지금 내가 가진 재산을 모두 상대에게 불쌍한 형제에게 줄 수 있어야 합니다.

생각이 마귀

내가 하는 모든 관점을 지금 당장 포기할 수 있어야 한다. 나 상대를 비교 판단없이 있는 그대로 사랑할 수 있어야 합니다.

분리는 없다

모두가 "나" 깨달아 세상에 남이 있으면 깨달아야 합니다.

대한민국 5천만 명 중 천국가는 조건 해당자 100명도 안 됩니다.

당신 지금 깨어나지 않으면 무조건 지옥 가게 되어 있다.

그래서 21세기 재림예수가 모든 인류를 구원하기 위해 이렇게 온 것입니다.

당신은 지금까지 누구에게 봉사하고 살아왔는가?

몸을 위해 돈을 벌고, 몸을 위해 성공하는 것은 당신이 철저히 마귀의 노예로 봉사한 것이다. 당신 인생이 하나님을 위해 산 것은 없는 것입니다.

인간의 삶의 목적은 무엇인가?

인간의 100% 하느님이고, 인간 100% 인간의 삶을 100% 정신적인 존재 하느님을 위해 살아가야 합니다. 몸을 위해 살아가는 것은 철저히 악의 노예로 살아가는 거지 그건 인생이 산 것이 아닙니다.

당신이 100% 정신적인 존재, 내가 없는 "하느님" 생각이 없는 "하느님" 비교 판단이 없는 조건없는 "하느님"을 위해 살아갈 때 당신의 삶은 의미가 있는 것입니다.

눈 감았다가 뜨면 전체를 비춰주는 "빛" 참 "나"야 생각으로 분별하지 마라. 그대로 전체를 비추는 것이 참 "나"야. 기독교 성서에서 진리가 너희를 자유케하리라.

몸뚱아리가 죽어버리면 전기불이 나가는 것과 마찬가지 잖아요. 생각 이전의 자리 전체를 비추는 공급자 하나님 이 바로 '나' 입니다.

생각해서는 알 수 없다. 누구나 깨달아 있다. 전체가 '나' 이다. 눈치만 채면 된다. 확인은 성서나 성경, 불경 으로 하면 된다.

텅빈 허공이 '나' 가 '진리' 이다. 내 마음이 우주 허공 이 참 '나' 이다. 텅빈 허공인 '나' 를 깨닫는 것이 성령 이다.

불교에서 말하는 불경에서도 색 즉, 시공 공주십책핵이라 했다. 잘 안되면 멍 때려봐, 머엉때리고 있으면 허공에 초의식이 '나' 이다. 공급자 하나님이 누구에게나 평등하 게 전기불과 같이 비춰주고 있습니다. "그게 나다."

정신적인 성장

영적성장

동물 몸 마귀를 위한 삶의 올인, 여기서

질문) 우주에 1만 개 인간이 사는 행성이 있다고 치자

먹고 살기 위해 직업 직장을 다니는 행성을 지금 알고

있다고 생각하는가?

지구 말고는 하나도 없다고 생각하는가?

정답) 지구 말고는 직장을 다니는 종족이 1명도 없습니다.

질문) 지구가 기계 100% 자동화

돈과 직장은 필요없다고 가정해 보자

돈과 직장이 필요없는 시대에서 삶의 목표라고 말한다면, 이 시대를 사는 사람들이 당신을 정상적인 사람으로 볼까요? 아니면 정신병자로 볼까요?

정답) 정신병자로 본다.

질문) 돈과 직장이 필요 없는 시대에 나는 돈을 많이 벌었으니 존경 나는 천국에 가야 합니다 라고 말한다면,

사람들이 당신의 훌륭한 일을 했으므로 천국에 가는 것이 동의하겠는가? 동의하지 않겠는가?

정답) 동의하지 않는다.

질문) 다른 행성은 그 행성 지역과 자원을 다 파괴하지 않고도 기계 100프로 자동화 시간과 노동에서 해방되어

돈과 걱정이 필요없는 세계가 되었다고 가정해 봅시다.

지구인은 자본주의를 전 세계 100년 만에 많은 기술의 발전을 가져와 기술의 발전이 지구의 생활 편리성에 기여하는게 사실이다. 하지만 산업화라는 명목으로 지구의 자원과 자연은 착취해 이제 그에 대한 부작용으로 지금은 지구 온난화로 지구의 온도가 50에서 80도로 오를 위험해 처해있고 남극 북극이 녹아 지구가 수몰될 위기에 물려 있습니다.

지구인들은 백년 산업화를 하고, 그에 대한 부작용으로 지구와 멸망할 위기에 처해 있습니다.

지구 당신들은 당신의 산업화라는 명목으로 100년 만에 지구를 모두 망쳐놓고, 당신은 자본주의 선택이 그게 얼마나 어리석은 선택인지도 깨닫지 못하고 있다.
과거의 분명 아틀란티스 레무리아 우리 선조들의 수명으로 돌아와 봅시다.

아틀란티 레무리아 때는 지구인의 평균수명이 1만년에서 2만년 이었습니다.

아틀란티스 레무리아 인간 평균 수명이 1만년이 넘는데 자본주의라는 시스템을 선택해 100년 만에 지구는 다 망쳐 지구가 멸망할게 자명하다면 아틀란티스 래무아인이 이런 자본주의 시스템을 선택해 자살할 사람들 있을까요?

여기서,

질문) 당신이 아틀란티스 레무리아 국민으로 평균 수명이 1만 년 이상을 산다면 자본주의라는 시스템이 100년 만에 지구 자원을 모두 고갈시키고, 환경 문제로 지구 멸망 위기에 처한다면 당신은 이 자본주의 시스템을 찬성하겠는가요?

정답) 100년 만에 지구가 멸망한다는 이런 시스템을 선택하는 바보는 없을 겁니다.

그럼 21세기 재림예수가 지구인을 당신들에게 질문하겠습니다.

자본주의 시스템이 100년도 유지가 안되는 시스템이라는데 자본주의 시스템을 선택하고 그 기득권 부를 누리고 있는 사람들에게 왜 책임을 지구 멸망인 책임을 묻지 않는 것입니까?

21세기 재림예수가 지구인 당신들에게 묻겠습니다

자본주의 시스템이 100년 만에 지구 멸망의 문명의 위기를 초래했는데 왜 실패한 자본주의 시스템에는 바꿀 생각을 안 하시는 겁니까?

당신들이 자본주의 시스템의 문제점을 아직도 모른다면 당신 지구인들은 바보 멍청이고, 개, 돼지,보다 못한 바보 의식을 가지고 있음에 틀림없습니다.

생각이 마귀인 이유

내가 한 생각 의미 부여에 나만의 관점을 하나 만들 때마다 나의 고통도 하나씩 증가합니다.

인간의 행복한 교육 불이법교육 비교 판단이 없습니다.

인간의 불행한 교육 이분법 교육 비교 판단이 있습니다.

자, 그럼 먼저 불이법 교육 인간은 행복한 교육 천국의 교육인지 한번 알아봅시다.

불이법 교육이었다면, 모두 인간은 존엄한 하나님 100프로 인간 100프로로 어떤 행위 결과로 당신을 비교 판단 분별하지 않는 인간은 존재하는 것, 자체로 무조건 사랑받을 수 있는 존재라는 뜻입니다.

불이법 교육에서는 비교판단분별 심판은 악으로 규정합니다.

불이법 교육에서는 이 경쟁 비교를 악으로 규정합니다.

불이법 교육에선 1등이 존경받을 권리가 있다면 꼴찌도 존중받을 수 있는 권리가 있습니다.

불이법 교육에선 잘생긴 사람 인기가 있으면 못생긴 사람도 인기가 있을 권리가 있습니다.

불이법 교육에서는 성공한 사랑과 존중받을 권리가 있으면 실패한 사람도 존중받을 권리가 있습니다.

삶은 연극일 뿐 살인자라도 배역일 뿐 죄를 미워해도 사람을 미워하지 않습니다.

우리 법 교육에서 삶은 재밌는 놀이로 보고 놀이일 뿐이고 나와 상대의 존중과 배려 봉사 헌신을 배우는 게 배움의 장일 뿐입니다.

삶은 나와 상대의 존중 속에 자기가 하고 싶은 일을 발견하고 그리고 관계를 통해 정치적 성숙을 실현하는 터전입니다.

삶은 가슴 뛰는 놀이고 행복한 기억이지 삶이 생존 경쟁이 되고, 삶이 고통이 되는 건 삶의 목적이 아닙니다.

불이법 교육은 나의 삶을 행복한 인생의 체험으로 만들고 상호관계 존중 속에서 정신적 성숙을 실현하는 배움의 터전입니다.

서로 존경하는 상호관계를 만드는 것을 목표로 합니다.

불이법 교육은 비교 판단이 없기에 스트레스를 받지 않습니다.

화병 분노가 없다

불이법 교육은 하루하루를 기쁨과 평화를 누르는 천국이 됩니다.

정답) 본인 스스로 감방에 들어왔습니다.

이분법의 교육이 인간을 왜 불행하게 만드는지 알아보도록 합시다.

이분법 교육은 인간을 자본주의 산업화의 기계로 생각합니다.

이분법 교육의 핵심은 상대방과의 경쟁이고 경쟁에서 이긴다는 관심과 존중 사랑을 받고 경쟁에서 탈락한 자 실패한 자는 비난 대중의 비난 조소와 조롱 무시의 대상이 됩니다. 이분법 교육에서 경쟁에서 승리한 자는 자기 우월 교만하고 약한 자를 무시하고 공격을 합니다.

경쟁에서 실패한 자는 경쟁에서 실패가 교육적인 문제

임에도 경쟁에서 실패한 사람들은 그 실패는 자기의 문제로 해석하여 내가 못나서 우리 부모가 못나서 라고 해석하고 잔인한 자기 학대, 과거 자기 증오를 시작합니다.

이분법 교육에서는 자기가 성공의 주인공이 되어야 하는데 현재 자신은 실패하고, 상대방은 성공하기 때문에 현실에서 성공과 실패라는 엄청난 차이가 존재하게 됩니다.

나는 지금 성공하는 모든 사람의 부러움의 대상이 되어야 하는데 지금 현실은 초라한 패배자이고, 성공하는 자로 가지 못해 그 때문에 화병이 발생합니다.

그것을 그림으로 그리면 내가 지금 원하는 성공 차이 갭이 발생 차이가 발생합니다.

그래서 화 분노 환자가 됩니다.

지금 실패자라면 자신은 상대방이 정신적인 성공까지 왜곡하여 상대방을 기회주의자 사기꾼이라고 매도하며 상대를 있는 그대로 인정하는 능력을 상실합니다.

이분법에서 경쟁 관계에서 부모는 자식 교육은 비난 지적질 왜 그것밖에 못하냐는 것입니다?

자식 스스로 선택한 자유까지 빼앗아 자식을 간섭하고

비난해 자식들을 그 스트레스로 숨이 막히고 심하면 매일 매일 자살까지 생각하는 삶을 살게 됩니다.

그럼 여기서, 사람의 기를 살리고 사람을 행복하게 하는 말이 어떤 것인지 살펴봅시다.

사람의 기를 살리고 행복하게 하는 말 못해도 괜찮아 넌 최선을 다했잖아. 고생했다. 난 너를 믿는다. 다른 건 너도 잘해. 못하든 잘하든 너 언제까지나 최고야 처음부터 잘하는 사람은 없어 마음 편히 먹고 꾸준히 하다보면, 잘할 때가 올 것입니다. 계속 잘 안되면 그것과 네가 궁합이 맞지 않는 것이니 네가 좋아하는 것 다른 것 도전하면 될 것입니다. 모든 걸 잘 할 필요는 없어, 못하든 잘 하든 난 너를 지키고 너를 끝까지 믿고 응원할게 못하든 잘 하든 너만 있으면 돼 넌 어떤 일의 행위로 평가받는 존재가 아니야. 네가 하나님이다.

너가 있는 것 자체로 네가 사랑받고 존중 받을 이유가 충분한 거야. 네 안에 하나님 소리를 들으면 돼, 성령이 있잖아, 공이야, 언제든 널 환영합니다.

그래, 그래서 힘들었구나 혼자서 얼마나 힘들었니 이리와 널 안아줄게. 죽이고 사람을 파괴하는 말이 어떤 말인지 알아봅시다. 사람의 기를 죽이고 사람을 파괴하는 말,

너 잘못했잖아. 너 그것 밖에 못하는 사람이니 너 그렇게 못할 줄 알았어. 기대하겠니 너 때문에 실패했잖아.

꼴도 보기 싫어 당장 꺼져, 니가 한 말이 틀렸잖아.
내가 똑바로 하라고 했잖아, 도대체 몇 번 말해야 알아듣니
공이 있어야 색이 있다. 잔짜 나는 공이다. 말로는 설명할
수 없다. 우리 모두는 깨달아 있다. 전체 우주가 나다. 몸
뚱아리는 내가 쓰고 있을 뿐, 영과 혼이 진짜 "나"이다.
참 나인 성령이 먼저 있고, 육체가 있는 법.
　성령은 우주가 생기기 이전부터 본래부터 있는 '참나'야.

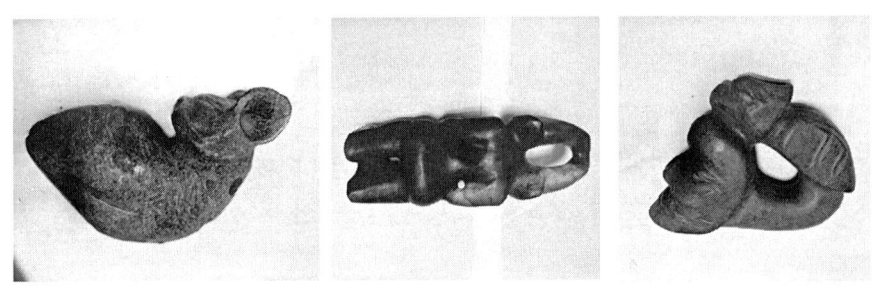

단군조선 신화에서 역사로 증명된 유물

사람이 기를 죽이는 말

비교

옆집 영식이는 이번에 반해서 1등 했다는데 너는 반에서 꼴찌하고 내가 창피해서 못살겠어 옆집 영식이는 추석 때 엄마 용돈 300만 원 나는 형편이 어려워 엄마에게 용돈 30만원 간신히 드렸다.

옆집 홍길동 아빠는 이번에 벤츠 1억짜리 산다는데 우리는 자동차 지금 한 대도 없으니 이분법 교육에서 사회 패배 실패자다. 난 끝났어 난 실패한 인생이야. 내가 창피해 너 같은 거 차라리 죽어버려라!

자신이 자신을 죽여 자살로 생을 마감하는 방법을 범하기도 한다.

불이법 사업의 실패는 하나 일어난 일일 뿐

그래 나는 존중과는 무관한 일이면 사업의 실패는 오히려 많은 사람들의 격려와 위로를 받는 일이 됩니다. 이분법 교육의 문제는 자기 학대, 자기분노, 자기증오, 자기학대가 부모에서 아이로 아이에서 존재로 대대로 유전되고 상속 된다는데 그 문제의 심각성이 있습니다.

부모에게 혼나고 자란 아이는 그 아이가 부모가 되었을 때 자기 자식을 못한다고 혼내고 거기에 결정해 사사건건 간섭하여 아이를 환자로 만들어 버립니다.

부모에게 정신적인 존중은 받지 못한 아이는 성인이 되면 화병 분노의 화살이 되어 자기 자식에게 분노의 화풀이 지적질과 간섭을 그 아이의 인생을 망쳐버립니다.

죄는 부모에게 자식으로 자식의 죄는 손자 손녀로 유전되어 상속됩니다.

불이법 교육의 이분법 교육의 차이 분석

이분법 교육 비교 판단합니다.

경쟁합니다.

경쟁 실패

학대 자기 증오 자기 파괴 합니다.

경쟁 성공의 교만 우월감 실패한 사람을 무시 삶을 무시한 경쟁의 정글 상호 존중 배려 없습니다.

돈 많이 버는 일 선택

실패가 비난받습니다.

사업실패시 자기 학대 장애 증오 자기자살, 자기학대, 자식에게 유전, 인격이 미성숙, 개인 이기주의와 물질 이기주의 불행 100프로 불이법 교육.

진짜 '나' 로 살자. 몸·육신을 부리는 성령인 "참나" 로 살자. 본래 나는 우주빅뱅이전부터 있던 성령이다. 빛 자체이며 허공전체가 '나' 입니다.

본래부터 깨달아 있다. 상락아정, 늘 행복하고 고요하다. 단지 육체가 나인줄 알고 업장 때문에 쓸데없는 걱정들을 하다보니 마귀 장난에 빠져들어 화내고 성질부리고 싸우며 살고 있는 것이다. 모든 것을 성령으로보고 사랑하고 존경하며 밝게 웃으며 주변의 못깨달은 사람들을 지도하면서 살자. 홍익인간 사상은 이처럼 겸손한 "나" 로 주변사람을 섬기며 살자는 깨달은 성령이 충만한 것입니다. 이화세계를 위해서.

에크하르토톨레의 책중 "지금 이 순간을 살아라"
1장중 마음은 내가 아니다. "마음은 중독이다. 생각은 병입니다"
30년간 거지노릇을 하던 거지에게 행인이 깔고 앉아

있는 상자 안을 열어보십시오.

　나는 줄 것이 아무것도 없지만 당신에게 당신이 가지고 있는 황금보물상자의 존재를 알려드립니다.

이미 깨달아 있습니다. 여러분 모두다!

　여러분 내면의 보물상자를 자신의 존재와 하나된 내 이름과 모습 사이에 숨겨져 있는 보물상자 더 이상 번뇌가 없는 경지는 생각으로는 알 수 없습니다.

　멍 때리고 지그시 눈 감고서만 보물상자를 열 수 있습니다. 마음의 헤아림으로는 알 수 없습니다. "흐리멍텅 멍때려라" 내면신의 상태 자기 자신의 '신'의 상태 여러분 속의 '신' 자신 '존재의 기쁨과 평화'가 여러분 자신의 내면 안에 있어요. 자신의 존재와 하나된 그 무엇, 본래의 '나' 본질에 다가가라 여기 지금 이 순간에 살아 보십시오. 자신을 마음과 동일시 하지 마라, 에고는 과거와 미래를 생각합니다. 현재가 없는 에고는 "마귀"입니다.

　지금 이 순간만이 행복으로 가는 문을 열 수 있는 열쇠입니다.

　생각은 의식의 일부일 뿐입니다. 고요하고 평화로운 의식만 유지하라!

　여러분 이미 빛이며 별입니다.

　희로애락의 감정을 마음속에 들이지마라.

　이미 깨달아 있다. 여러분은 단순해지고 천진난만해집

니다.

지금을 감사하라. 깨어 있어라. 고주파수의 에너지가 영적에너지를 느끼게 됩니다.

내 맡김으로서 마음 에너지를 넘어 영적 에너지로 안내하게 될 것입니다.

삶이 순조로워지고 훨씬 편해집니다.

행복을 위해 수고할 필요가 없다. 그냥 저절로 이루어질 것이다.

우리는 죽지 않는다. 죽는 것은 에고일 뿐입니다.

광활한 우주는 우리 안에도 존재한다. 무심히 현존하라. 눈을 지그시 감고 멍 때리고 깨어 있으라!

천국을 마주하게 된다. 그런 시간을 24시간 중 8시간 이상 목표로 실천해 보자. 바로 지금 여기서 멍 때리고 참나로 가는 법. 지그시 눈을 감고 멍때리기 참나는 생각에 끌려가지 말고 무심하게 알아차리자!

당신은 생각하는 자가 아니라는 걸 깨달았을 때 자유인이 됩니다.

생각하는 자를 관찰하는 순간 자유로 갈 수 있다. 에고는 거짓자입니다. 현존하세요. 에고는 과거의 시각으로 현재를 판단합니다. 자유로 가는 열쇠는 현재의 순간입니다.

생각을 딛고 일어나야 의식을 통해 깨달음으로 갈 수 있습니다. 관찰자로 존재하는 '나' 무심이란 생각에서 벗어난 의식을 말합니다.

"지금 이순간 내 안에서 무슨일이 일어나는가? 에크하르 톨레의 관찰자 쉽게 되는 법이 좋아요?"

절대성과 상대성 이야기

백봉 김기추 거사님께서는 "도솔천에서 만납시다"라는 저서 등을 남기셨습니다. 허공성인 나를 깨닫기 등등을 배웠습니다.

경상남도가 고향이신 백봉 선생님께서는 독립운동 하시다가 투옥되어 사형날짜를 기다리면서 관세음보살을 계속해서 부르면서 기도했습니다. 어느 날 재판정에서 무죄석방이 되었습니다. 그 후 만주로 가서 다시금 독립운동 중 투옥되었습니다. 감옥에서 또 다시 관세음보살을 계속해서 무르면서 사방벽에 써 내려갔습니다. 또다시 사형수였던 그 분은 무죄 석방되었습니다. 독립이 된 후 자유당에 입당하여 경남도 의원에 당선되었습니다. 자유와 민주를 위해 열심히 의정활동을 하던 중 박정희장군에 의해 혁명이 일어났습니다.

선생님께서는 산속에 피신하시어 수도의 길로 정진했습니다. 어느날 눈이 내리는 산중에 빛이 하늘에 닿았습니다. 마을사람들은 불이난 줄 알고 물동이와 삽을 들고 산위에 올라왔습니다. 눈속 바위 위에 좌선중인 선생의 머리에서 방광이 일어나고 있었던 것입니다. 그 분께서는 마을사람들의 부축을 받아 산을 내려오신 후 유마경과 지장경등을 통해 민중을 깨달음으로 인도하셨습니다. 처음에서부터 부산 경남 지리산 일대에서 보림선원을 열어 후학들의 깨달음을 도와주셨습니다.(1~6 페이지 저자 최원효는 1979년 8월 지리산 산청에 있는 보림선원에 입학하여 수련을 하던중 깨달음에 도달했습니다.

바른생각 바른마음 바른행동에 따라 삶은 결정되는 것이다. 무상과 무아의 지혜를 깨달으면 자비와 사랑으로 풍만해집니다. 보시와 자비는 지혜로 이어집니다. 실천으로 이어져야 합니다.

행복의 열쇠는 사랑과 지혜와 자비심이다. 모든 것은 내 손안에 있다.

독서를 많이하라. 풍수를 알아야 세상이치를 안다(생기를 받는 법을 안다)

되는 법칙

　돈 없으면 돈 벌면 되고 잘못이 있으면 잘못을 고치면 되고, 안되는 것은 되게하면 되고, 모르면 배우면 되고, 부족하면 채우면 되고, 힘이 부족하면 힘을 기르면 되고, 길이 안보이면 길을 찾으면 되고, 생각이 부족하면 아는 자 한테 물어라.(성심성도 정심정도)

되고 안되고 화를 내지 말고 웃어라.

고통은 어디서 오는가?

내가 있어서 고통이 오는 것이다. 내가 누구인가? 허공전체이며 빛이다. "너와 나는 하나다. 나고 죽고 태어나는 것은 가짜다" 라고 했다. 하루만에 깨달음은 가능하다.

죽음은 고통이 아니다.

숨이 쉬어지는 동안만 육신이 살아있는 것이다.

지금 이 순간을 이 자리를 잘 살면 된다.

자기 생각 자기경험에 갇히어 우리는 삶을 살아간다.

나는 고정되어 있지 않다. 인연따라 생기는 모은 일들을 무심하게 받아들이고 항상 감사하며 기뻐하면 행복해진다. 모든 일은 변할 수 있다.

눈 거룩한 모습 · 마음

　마음과 눈이 몸안에 있다면 오장육부도 다 알수 있지

않느냐?

몸과 마음의 중간 참 마음이 있는 곳?

주먹을 쥐었다 폈다 하시며 실험해 보자.

보는 성품은 움직이지 않는다. 움직이지 않는 것이 참 마음이다. 본래 성품, 마음, 오묘하고 바른 성품 밝고참된 성품, 마음, 나그네가 잠시 쉬었다가 떠나는 나그네와 여관주인처럼, 본래 성품, 마음은 여관주인과 같다.

물질의 지배를 받아서 흔들리는데 우리 모두는 태어나서 5살까지는 청정한 마음의 소유자였었다. 그러나 비교 분별 망상 물욕 애욕등으로 허망한 생각으로 청정하지 못하게 스스로 만들었다. 본래 성품과 마음으로 되돌아 가는 것이 깨달음이다. 참마음은 어디에 있는가? 허공성인 내안에 있다. 우리의 숨쉬는 운동을 통하여 깊이 숨쉬면서 단전 밑을 관하다보면 마음 밭이 생긴다. 그곳에 참마음, 본래성품이 있다. - 心道在田

욕심과 번뇌를 항복시켜라. 도와 업에도 억매이지 않기 천만고통이 오더라도 견뎌라.

몸 3, 입 4, 뜻 3. 허물은 스스로 참회하고 벗어나라.

악을 고쳐 선을 행하라. 남이 나에게 악으로 대해도 선으로 대하라. 닦을 것도 없고 얻을 것도 없는 자성을 깨쳐라. 욕된 것을 참는 것이 크다. 잠깐만이라도 도를 벗어나지 마라. 함이 없는 법에 머무르다.

아프리카는 숨겨둔 보물이다

깨달음 이른 분들은 "모두가 나다" 라는 사실을 알고 실천하게 된다.

북한 사람들도 나고 아프리카 사람들도 나다. 우선 6.25 폐허에서 새롭게 건설한 지상천국 대한민국의 경험과 노하우를 조건없이 54개국 아프리카 전역에 새마을 운동 전수 54개국 대통령들을 초청하여 환영식을 열어주고 기도회를 함께 가져보자. 허망한 것은 항상 인연이 모든 것을 결정한다.

본래 성품은 가지는 것과 낳고 죽음에 없다.

본래부터 밝은 참마음이 있는 곳을 알아야 한다. 여러분 주먹을 쥐었다 폈다 해 보십시오. 고개를 도리도리 해 보십시오. 그냥 그대로 바라보는 것이 참마음입니다. 움직이는 것은 가짜 마음입니다. 참마음은 오묘하고 밝고 참된 허공이 참마음 자리입니다. 오묘하고 밝고 깨끗한 허공성인 참마음이 당신의 성품입니다.

스스로 오묘하고 밝은 성품은 버려두고 미혹을 따라 미혹함이 원인이 없으면 됩니다. 업장과 무명이 없어지면 됩니다.

여러분 주머니속에 여의주가 있는데 모르고 밖에 다니며 막노동도 하고, 다단계도하고, 하루하루 먹고살기 바쁘게 삽니다. 본래 밝고 오묘하고 참된 성품을 가지고 태어나서 오세까지는 걱정없이 밝고 맑게 웃으며 살다가 비교육에 눈이 멀고 마음이 더러워져서 욕심으로 바르게 보고 듣지 못한다. 매듭을 풀고 시작없는 과거로부터 6근의 뿌리를 씻어내어 보십시요.

부질없는 물질과 허공이 되어 음욕, 살생 도둑질의 업을 끊고 밝은 성품으로 살아가세요.

오묘하고 밝은 깨달음 : 나고 죽음이 없는 본래 성품에서 보고 듣고, 느껴보세요. 그 무엇이 업장을 짓고 있는 눈, 귀, 코, 입 등 6근의 뿌리중 알아채기 쉬운것부터 매듭을 풀어보세요. 하나하나 풀다보면 밝은 경지에 이릅니다. 그때부터 음욕과 살생과 도둑질과 거리를 두고 밝고 맑게 살아가면 됩니다. 오묘하고 밝은 깨달음의 경지에 살아갑시다.

극락이나 천국은 성으로 되어 있다

성문은 오감으로 되어 있다. 오감을 잘 통과하면 중앙에 뇌가 있습니다. 천국은 인식이 지배합니다.
예수님은 네 이웃을 네 몸같이 사랑하셨습니다!

부처님은 너나 할 것 없이 모두가 하나다! 의식이 지배하는 천국은 평정심을 가져야 된다고 하셨습니다. 바로 우리의 홍익인간 정신입니다.

살면서 실천하라

본성 : 여성은 임신하는 순간부터 그냥 웃으면서 먹고 살게 해 줘야 한다. 자연을 사랑하고, 항상 기뻐하고, 감사하게 해 줘라. 우리 할머니는 네 입은 입이 아니냐. 너도 나눠먹고 살아라 하셨습니다.
록펠러펀드가 지침을 주면 CIA가 계획해서 전 세계가 교육이 된다고 합니다.
자본주의 화엄 사상을 합한 것이 홍익인간 이화세계입니다.
일즉다. 다즉일
하나는 전체를 위해 살고 전체는 하나를 위해 산다고 합니다.
발은 발을 위해 걷는 것이 아니고, 몸을 위해 걷는 것입니다. 몸은 발을 위해 먹고 걷는다는 것입니다.

감사합니다.
끝까지 읽어 주셔서 영광입니다. 선입견을 버리고 맑고 밝은 처음 마음자리를 어린아이 마음으로 다시한번 읽어

보시고 또 읽어보십시오. 3번만 읽으시면 지혜와 진리를 깨닫고 모두가 하나가 될 것입니다.

또 그렇게 해도 안 되신 분은 설악산 봉정암, 지리산 반야봉에 오셔서 연락 주시면 어린왕자가 오셔서 도와주실 것입니다. 은평 뉴타운 선림사나 명동성당이나, 박옥수 목사님 설교시간에도 진리를 만나실 수 있습니다. 황창현 신부님 유튜브나, 봉서산 김용철 거사님 유튜브, 신용철 교수의 동서문화로를 자주 보시는 것도 깨달음과 진리를 만나 성통공완하는데 도움이 될 것입니다.

유튜브 방송 중 우선 3개의 채널 강력히 추천드립니다.

저자 최 원 효 · 안 성 묵 올림

의역(해석은 주관적임)

도선국사님 법어

오랑캐도 아니고 왜놈도 아닌데 인묘년(1950년~1951년)에 이르러 남과 북으로 나뉘고 형세가 높이 솥을 걸어 놓은 것 처럼 위태롭다.

이씨를 돕고 가시를 베어내어 나라를 넓히고 안정시켜 한 나라로 통일되고 평안해진다.

누구의 공이랴 오직 저 총명하고 슬기로운 정신을 가진 고을의 민초들이요. 이씨를 돕고 가시를 제거한 서쪽변방에서 군사를 일으킨 이들의 공이요.

하늘(民)도 기뻐하고 세 이웃이 도울 것이고 계룡산에 도읍하니 하늘과 땅과 사람들이 우러러 존경하고 편안해 지리라.

2025년 10월 덕은사 신광 큰 스님